A R D

How to Be Rich

ポール・ゲティの大富豪になる方法

ビジネス・投資・価値観・損しない銘柄選び

J. Paul Getty

ジャン・ポール・ゲティ［著］ 長谷川圭［訳］

Pan Rolling

目次

How to Be Rich

Jean Paul Getty

(first published in 1965)

はじめに

一九六〇年、私はプレイボーイ誌の編集者から「現代社会における男と金と価値観」を題材に連載記事を書いてくれという依頼を受けた。

正直なところ、そのようなオファーが舞い込んできたこと自体はうれしかったが、同時に、私に連載記事など書けるのだろうかと不安でもあった。成人して以来、私は事業の立ち上げと運営にのみ生涯を捧げてきた。たったそれだけの経験で、何百万人もの読者を相手にさまざまなテーマについて語る資格があるとは思えなかったのだ。

加えて、私は当時も今も現役の経営者だ。記事を書く時間が十分に取れるとは到底思えず、私の書くことに読者が関心を示すとも考えられなかった。

しかし、そのような疑いやためらいを感じる必要などないと思える、れっきとした理由もいくつか見つかった。

第一に、私は以前からアメリカの経営者とビジネスが、そしていわゆる自由企業体制そのものが、虐待と呼びたくなるほど厳しい批判にさらされていることに気づいていた。一方で、それに対する理路整然とした返答や反論が一般市民の目と耳に届いたためしはほとんどないと言える。

第二に、これは私だけでなく、私同様に成功している知人の多くが気づいていることだが、昨今の若者の大半が十分な基礎知識や心構えを持たないまま経営の世界に足を踏み入れている。彼らに専門的なトレーニングが不足していると言いたいのではない。そうではなく、総合的かつ長期的な展望が見えていないのである。複雑になった現代ビジネスの根本に横たわる普遍的な基本理念や基礎哲学を理解していない。一つの行動が際限のない好影響や悪影響をもたらすことと、経営者には数え切れないほどの責任がのしかかってくるという事実を、彼らは分かっていない。

第三に、この点が私の決断において非常に大きな意味を持っていたのだが、現代社会では財を〝成す〟こと、富を〝蓄える〟ことにあまりにも強い関心が向けられている。しかし、財を成した者が手に入れる特権を楽しみつつも、富がもたらす責任をどのように果たすか、つまり裕福な者としてどう〝生きる〟か、という点にはほとんど注意が払われていない。

最後に、〝豊かさ〟にとって重要なのは金銭だけではない。人格、哲学、展望、気持ちも同じように大切である。〝億万長者のメンタリティー〟は足し算のメンタリティーではない。特に現代社会ではそうであってはならないのだ。成功をつかみたいのなら、〝豊かさ〟には無限の意味合いが含まれていることを理解しなければならない。自分自身の行動を、そして富を正当なものにするために、人はあらゆる側面で豊かであるための方法を知る必要がある。

これらの考えが、連載の執筆というオファーを受け入れる理由になった。

ここで付け加えておくが、プレイボーイ誌発行人のヒュー・M・ヘフナーと同誌編集長のA・C・スペクトルスキーは、思うことを自由に書いていいと言ってくれた。たとえそれがいかに独特で、非常識で、反論を招きかねないものであるとしても、だ。その約束を、彼らはずっと守り続けてくれた。それでどうなったか――私の予想は見事に裏切られた。

初め私は、「最初の記事を書いてみます。とりあえず読者の反応を見てみましょう」などと言ったことを覚えている。

ところが、いざふたを開けると、驚きの結果が待っていた。私の書いたものは常識とは大きくかけ離れ、見方によっては反社会的ですらあったのに、読者からとても好意的な反響が返ってきたのである。多くの人が私の意見に賛同した。一般に正しいと信じられている理論や原則に心のどこかで違和感や疑いを抱いていた人々は、自分たちの気持ちを代弁する者が現れるのをずっと待っていたのだろう。

本当にありがたいことに、プレイボーイに書いた私の記事はたくさんの人々に読まれただけでなく、引用されることも多かった。マスコミや世間の人々からたくさんの好意的なコメントや手紙もいただいた。本書はその賜だ。

最初の記事が公表されて以来、私は次に挙げる三つの質問をよく受ける。その答えを、ここにできるだけ簡潔に、そしてはっきり記すことにする。

一．アメリカにはたくさんの雑誌があるのに、なぜ意見を発表する場所にプレイボーイを選んだのか？

答えは簡単。プレイボーイには若手社員や大学生の読者がとりわけ多いからだ。彼らこそ、将来のビジネス界を引っ張るリーダーになる存在。私がビジネス経験を通じて蓄えてきた情報を最も必要としているのは、彼らなのである。まだ柔軟な思考を持つ若い彼らなら、教科書や古くさい超保守的な出版物には決して書かれていない斬新な考えや意見を参考にすることができるし、参考にするべきなのだ。その考えを実際に受け入れるか否かは重要ではない。彼らには自分で考える力がある。刺激を受け入れ、建設的に考えてくれれば、それでいい。要するに、私は彼らに向けて〝メッセージ〟を発している。

二．そもそも、なぜ自分の考えを発表しようと思ったのか？

この点についてはすでに述べたが、もう少し補足しておく。先に指摘したように、ビジネスというものが公然と批判されることは多いが、その一方で、表立ってビジネスを擁護する声は少ない。普通の経営者が話す機会と言えば、取締役会や株主総会、組合や商工会議所、あるいは社会奉仕団体のランチやディナーぐらいだ。意見を書くとしても、社内報や業界紙が関の山である。一般の人々にとって非常に重要なメッセージが含まれていても、広く公表される機会はほとんどない。簡単に言えば、私はきっかけを作りたかった。私の記事を読んだほかの有能な経営者にも、自らの意見を発表する勇気を持ってもらいたいと願っている。

三．連載記事を書く目的は？

このほかにも、私にはいくつかの希望や目的がある。確実で迅速かつ簡単な成功の秘訣など存在しない。ビジネスを通じて自動的に大富豪になる道など、どこにもない。この事実を若いビジネスマンに知っておいてもらいたかった。

ビジネスに、あるいはそれに携わる者に一夜にして大成功をもたらす魔法や秘術など存在しないのである。成功をつかみ、富豪と呼ばれるほどになるには、資質と努力、そしてそのほか数え切れないほどの要素が欠かせない。私だけでなく、成功した経営者の多くが不可欠である、あるいは有益だとみなしている資質や要素を本書で紹介する。

あらゆる点で人々の生活水準を高めることで報酬を得る、進歩的で先見の明のある経営者が中心となって、進歩的で先見的な自由企業体制を作って維持する。それができるかどうかに、アメリカの、そして世界のビジネスと人々の命運がかかっていると、私は確信している。本書を通じてこのメッセージを――たとえどれだけ少数でも――誰かに伝えることができたのなら、私の目的は果たせたことになる。たとえ少しでも私の信念を世間に広めることができたならうれしい。それこそが、私にとって贅沢な報酬である。

J・ポール・ゲティ

第一章

私が億万長者になれた理由

最初の一〇億までの道のり

本書は自伝ではない。しかし、ここで私が書くことは、私が自分の人生経験を通じて培ってきた考えや見方である。したがって、私のこれまでの経歴を手短に振り返ることは読者にとって有益だろう。もし私に〝ビジネス哲学〟と呼べるものがあるとすれば、それは油田および石油産業を通じて育んできたものだ。

オクラホマ州で数カ月にわたり調査をしたのち、私は一九一六年の一月初頭にマスコギー郡の小村ストーン・ブラフの近郊で試験掘削を始めた。

二月二日、掘削抗から岩石を取り除くベイラーという機械が大量の油砂をすくい上げた。掘削が最終段階に近づいている証しだ。あと二四時間ほど掘り続ければ、そこに実り豊かな油田があるのか、それともただの空井戸なのかが分かるだろう。

当時、まだ経験の乏しい若造だった私は、いたく興奮していた。私がそこにいては、掘削スタッフの邪魔になってしまうほどに。そこで私は、緊張をほぐすために近くにあるタルサという街に向かった。掘削が終わって結果が明らかになるまで、そこで待つことに決めたのである。戦略的撤退というやつだ。タルサで、私よりもはるかに大人で冷静な友人であるJ・カール・スミスに事情を話すと、彼は私の代わりに現場へ行って、仕事を監督しようと申し出てくれた。

そのころ、油井が掘られている現場にはまだ電話が通じていなかった。ストーン・ブラフとタルサの間には回線が一本敷かれていたが、接続できないことのほうが多かった。そこでJ・カール・スミスは、翌日の最終電車でストーン・ブラフからタルサに戻り、最新のニュースを教えてくれると私に約束した。

そして翌日、私は列車の到着予定時間の一時間以上も前から、タルサの駅のプラットフォームを落ち着きなく行ったり来たりしていた。ようやく列車が駅に入ってきた。永遠のように感じられた数秒後、J・カール・スミスの見慣れた姿が車両の一つから現れた。明るい表情をしている。私は期待に胸を躍らせた。

「おめでとう、ポール！　今日の午後、結果が出た。産出量は三〇バレルだ！」。それが彼の第一声だった。

一日で三〇バレル、私の興奮は一瞬で冷めてしまった。一日三〇バレル――当時、ほかの産油業者の油井が産出していた量に比べれば微々たるものだ。

「そう……」。J・カールはにやりと笑って続けた。「一時間で三〇バレルさ」

一時間三〇バレル！
一日三〇バレルと一時間三〇バレルでは雲泥の差だ。私の油井は毎日七二〇バレルもの量を算出する計算になる。つまり、私はオイルビジネスに足を踏み入れ……そして、永住権を手に入れたのだ。

有名な石油業者（オイルマン）の息子であった私は、子供のころから石油熱にさらされて生きてきた。私の両親、ジョージ・F・ゲティとサラ・ゲティは、まだ一〇歳だった私を連れて、一九〇三年に当時まだ準州だったオクラホマにやってきた。父はミネアポリスで弁護士として成功していたが、そのころオクラホマで絶頂期を迎えていたオイルラッシュの誘惑に抵抗することができなかった。そこで彼はミネホマ・オイル社を設立し、採掘を開始した。

幼少期を貧困のなかで過ごした成り上がりの父は、限度知らずの努力家だっただけでなく、どういうわけか石油を見つける才能にも恵まれていた。ミネホマ・オイルを立ち上げたあと、父は四三の油井の掘削に携わり、そのうち実に四二の井戸で実際に石油が出たのである！

私は一九一〇年から一九一一年にかけて油田で雑用および工具係の見習いとして働き、つらいながらも貴重な経験を積んだが、オイルビジネスに本格的に取り組む気にはなれなかった。気持ちが変わったのは一九一四年の九月。そのころ私は、イギリスのオックスフォード大学での二年間の留学を終えてアメリカに戻ってきたばかりだった。初めのうちは外交官として働こうと思っていたが、その計画はひとまず保留にして、独立オペレーター、つまり組織に属さない石油試掘者としてオクラホマで自分の運を試してみようと考えるようになった。

時期は最高だった。アメリカの石油産業は急成長を遂げ、ブームを迎えていたのである。油田は猛々しいパイオニア精神で満ちあふれていた。グレート・オイルラッシュは衰えを見せるどころか、その年にヨーロッパで戦争が始まったこともあって、さらに勢いを増していた。オクラホマの田舎には、急造の新興都市が増えていった。それらの多くが、ドラムライト、ドロップライト、オールライト、ダムンライトの四つの〝ライト〟タウンに代表されるような、いかにもフロンティア時代らしい名前を付けられていた。

道はまだ舗装されていなかったので、冬から春にかけては粘土と泥でぬかるんで、まるで川のよう。夏に乾燥すると轍の上に赤や黄色の砂埃が巻き上がった。繁盛している商業施設やギャンブル場のまわりの歩道には踏み板が敷かれていたが、踏み板を敷くことが最も民度の高い行為とみなされていた時代だ。

歴史家がよく一八四九年のゴールドラッシュのころのカリフォルニアの様子を描写するが、当時のオクラホマの雰囲気も同じようなものだった。違いは、オクラホマは金（きん）ではなく石油で活気づいていたということぐらいだ。まるで伝染病のように石油熱が広がっていて、この熱に免疫を持つ者などほとんどいなかったと言える。成功と挫折のドラマが毎日のように繰り広げられていた。全財産を失い、借金をすることもできないまま、一縷の望みを最後の一〇〇フィートに賭ける。そんな試掘者も珍しくなかった。今日の午後に数百ドルで売られていた採掘権の価値が、翌朝には一〇〇倍、それどころが一〇〇〇倍に膨れ上がることもあった。その一方では、全財産を試掘に投じた結果、手に入れたのは乾いた穴だけだったという者もいた。最高値で売られた採掘権が、翌日には価値をゼロにまで落とすことも。想像を絶する富を巡る命がけのギャンブルがそこにあった。私も希望を胸に、その輪のなかに飛び込んだのである。でも私には元手になる資金がなく、一〇〇ドルほどで毎月やりくりしなければならなかった。一年目はさんざんな結果に終わった。ときどき、巨大な油田が見つかったという報道がなされ、試掘者の誰かが噴出油井や大油田にたどり着いたという話は聞こえてくるのに、運は私を見放したようだった。

一九一五年の晩秋、マスコギー郡のストーン・ブラフ近郊にて、一般オークションを通じて採掘権が売りに出された。その土地を視察したところ、かなり有望だと私には思えた。その土地に関心を持つ独立オペレーターがほかにもいることを知っていたため、私は不安だった。資金が乏しかったので、ほかのベテランオイルマンほどの額を提示できないのではないか、と。そこで私は銀行に声をかけて、依頼主が私であることを隠したまま、銀行の代表者にオークションで入札してもらうことにした。

驚いたことに、この見え見えの作戦が功を奏した。マスコギーの郡庁所在地で開かれたオークションには、利権を求めてたくさんの独立オペレーターがやってきていた。私の代理を務める有名銀行の幹部がそこにいるのを見て、彼らは驚き、意気消沈した。彼らは、銀行員がいるということは大きな石油業者がその土地に関心を持っていることの証拠だろう、どんな額を提示しても自分たちに勝ち目はない、と考えたのだ。独立オペレーターたちは、入札しても無駄だと肩を落とした。こうして私は最低入札額の五〇〇ドルを提示し、権利を勝ち取ったのだ！

その後まもなく、その土地で試掘する資金を管理するための会社が立ち上げられた。私は会社の利益の一五パーセントを得ることに決まった。財産がなく出資できなかったのだから、これは順当な配分と言えるだろう。私は掘削スタッフのチームを作ると、彼らとともに懸命に働き、油井櫓を建て、実際に試掘を始めた。昼も夜も現場にいた。そうこうするうちに、試掘は最終段階に入った。しかし、すでに述べたように、いざそのときが近づいてくると私はいてても立ってもいられなくなり、タルサへと逃げたのである。そして、タルサで友人のＪ・カール・スミスから、石油が出たという知らせを聞いたのだった。

二週間後、土地の採掘権を産油業者に売り渡した。この取引で私には一万二〇〇〇ドルが分配された。ほかの者が手に入れる額に比べると、一万二〇〇〇ドルというのは少なく思えるかもしれないが、私にとっては十分で、今後も試掘者として石油ビジネスを続けていくべきだし、続けていこうという気になれた。

私は前もって、父とある種のパートナーシップ契約を結んでいた。私がこのパートナーシップのために調査や試掘を実施・監督するときには、父がその資金を提供するという契約内容だった。その見返りに、利益の七〇パーセントを父が得る。私は残りの三〇パーセントだ。ストーン・ブラフでの成功のあと、私と父はパートナーシップを発展させ、一九一六年の五月にゲティ・オイル・カンパニーを設立した。私の株式持分は三〇パーセントだった。

私と父のビジネス・パートナーシップに関して、これまでたくさんの完全に誤った報道がなされてきた。実際のところ、父は私にビジネスをさせるために現金を与えるようなことは一切しなかった。ジョージ・F・ゲティは、裕福な者は息子が成人して自立してからも、甘やかしたり現金を与えたりするのは当然のことだ、などという考えをまったく受け入れようとしなかった。確かに、父は私の初期の活動に資金を提供してくれた。ただし、七〇対三〇ベースの原則は絶対に崩さなかった。父との関係とは別に、つまり私が個人として行う権利の取得や試掘、あるいはそのほかのオペレーションは支援しなかった。私個人の活動には、父は資金を出さなかったし、利益の分け前を要求することもなかった。

ここでもう一つ、誤解を正しておきたいことがある。一九三〇年に他界したとき、父は私に莫大な富を遺したと言われているが、実際に彼が遺言を通じて私に譲り渡したのは五〇万ドルだった。確かに非常に大きな額ではあるが、彼の莫大な財産から見ればごく一部で、名ばかりの遺産と言えるだろう。父は、私がそのころすでに数百万ドルを蓄えていることを知っていたので、財産の大部分を私の母に遺したのである。

一九一六年に父と会社を設立したあと、私はすぐに石油の探査と試掘に乗り出した。結果はうまくいかなかったが、情熱が弱まることはなかった。そのころすでに、試掘こそが生きがいになっていたので、権利の売買と掘削を続けた。私は、地質学者、法務顧問、採掘監督、爆発物管理の役割を一人で担った。時には掘削作業や雑用をこなすこともあった。会社設立からの数カ月間は非常に幸運な時期だった。ほとんどの場合、私は所有していた権利を高額で売ることができたし、実際に穴を掘った場合には、石油が見つかることのほうが多かった。

この成功の裏には特別な秘密があった、というわけではない。ほかの試掘者がやっていることを私もやっただけだ。ただし、一点だけ私はほかとは違っていた。当時の油田界隈では石油地質学という学問がまださほど広く受け入れられていなかった。オイルマンの多くは「学者ごとき」が石油探しの役に立つはずがないと鼻で笑っていたのだ。少なくとも、オイルマンのほとんどが地質学を実用的な学問とはみなさず、地質学者の書く論文に関心を払わなかった。地質学を信じたごくわずかな人物の一人、それが私だった。私は時間が許すかぎり地質学を学び、その成果を活動に応用した。

独立オペレーターにはある程度の基礎知識と技能が欠かせない。加えて、調査員や掘削員として信頼できる経験豊かなスタッフも必要だ。しかし、それだけでは足りないと私は信じている。試掘者が成功するかしないか、掘った穴から石油が出るか出ないか、それを決める最も重要な要素は単純に〝運〟なのだ。

なかには、それを運だと認めようとしない人もいる。オクラホマにおける石油採掘の偉大なパイオニアとして知られるT・N・バーンズドールもその一人だ。億万長者のバーンズドールは成功と失敗の差をこんなふうに説明した。

「運は関係ない。鼻が利くか利かないか、それだけの問題だ。もし鼻が利くなら、三〇〇〇フィートの地下に眠る石油の臭いを嗅ぎ取ることができる！」。彼はかたくなにそう繰り返した。

そうなのかもしれない。しかし、私はそうは思わない。私自身、地下の石油の存在を嗅ぎ取ることはできない。掘削候補地を歩き回っても、オイルマン特有のムズムズする感覚など味わったことがない。だから、初期に成功できたのは、純粋に運がよかったからだと思っている。

しかしながら、試掘者というものは何もせずに幸運が巡ってくるのをじっと待ち、富を手に入れるのだと誤解されると困るので言っておくが、オイルビジネスとは決して簡単なものではない。作業はとても厳しくて、特に駆け出しのころには金銭的な落とし穴がたくさんある。油井が爆発することもある。そうなれば消火に莫大な金額がかかり、利益どころか全財産がまたたく間に消えてなくなる。

専門家がドライホールと呼ぶ採掘失敗、重要な段階における機材の不調や故障、採掘権や敷設権を巡る口論や訴訟など、独立オペレーターの財力を根こそぎ奪いかねない問題や障害が無数に待ち構えているのである。

加えて、私たち独立オペレーターの前に、大手石油業者がライバルとして立ちはだかることも多い。そうした巨大企業は、独立オペレーターの誰かが力を持ちすぎた場合や急成長したとき、フェアプレー精神をかなぐり捨てて、法的なあるいは経済的な争いを仕掛けてくることもある。

そのような圧力に耐えながらビジネスを続けていくために、独立した試掘者は特定の能力や技術を習得した。適応力を身につけ、より柔軟に働き、どんな状況にでも対処できるようにイノベーションを取り入れて自らを高めたのである。すべては生き残るためだ。例えば、大企業はたくさんの人員――専門家、コンサルタント、管理者、事務員――を雇い、彼らに金のかかった広いオフィスを与える。一方、私たち独立オペレーターは、石油の採掘現場で長年働いてきたベテラン労働者の力を借り、彼らに調査や試掘に携わってもらう。何か問題が起こったときには、自分たちの判断や経験に頼る。管理業務や事務仕事は最小限に抑えて、自分たちでこなす。多くの場合、私たちを乗せて現場から次の現場へと移動する泥で汚れた車がオフィス代わりだった。

すでに述べたように、私は運がよかった。本当にラッキーだった。ナンシー・テイラー・アロットメントで初めて石油を掘り当ててからの数カ月で、私はいくつかの取引を成功させただけでなく、複数の油井で生産にこぎ着けた。ゲティ・オイル・カンパニーは繁盛した。私は会社の取締役の一人に任命され、秘書官にも選ばれたが、作業着を脱いでビジネススーツに着替えるようなことはしなかった。肩書きこそ新しくなったが、私は現場の掘削リグのまわりで仕事するほうが好きだったので、会社の業務には以前と同じ程度にしか関わらなかった。私は石油採掘権を売買し、石油を求めて調査と試掘を続けたのである。

ゲティ・オイル・カンパニーが儲かれば儲かるほど、私が持つ三〇パーセントの株式も価値を増していったので、個人的にも有益な事業に取り組む余裕ができた。当時はさまざまな事業に取り組んでいたのであまりに忙しく、自分がどれだけ儲けているのか、おおまかにしか把握できていなかった。そこである日、時間を作って自分の経済状況を詳しく調べてみた。そのとき初めて、一九一四年の九月に立てた目標をほとんど達成していることに気づいた。アメリカの石油産業において自分の力でビジネスをやっていくだけの基礎がすでにできていたのだ。そのころ私はまだ二四歳にも満たなかったが、独立オペレーターとしてすでに成功していたと言える。稼ぎは一〇〇万ドルを優に超えていた。私は百万長者（ミリオネア）になったのである！

それまでの私は成長期だったと言えるだろう。教育を受け、ビジネスを確立することに力の大半を注ぎ込んでいた。しかし気づくと、しばらく好きなことをして生きていけるだけの貯金ができていた。その日以来、私は仕事のことは忘れ、自分の人生を満喫することに決めた。

ヨーロッパでの戦争が激しさを増していたことも、少なくとも部分的には、そのようなわがままな決断を下した理由だろう。その時点でアメリカはまだ第一次世界大戦に参戦していなかったが、私はその状態が長くは続かないと確信していた。実は当時すでに、もしアメリカが参戦した場合には、航空部（これが第一希望）または野戦砲兵隊に入隊する申請を、私は出していたのである。召集を受けるのは時間の問題だと思っていたので、それまでの時間をのんびり楽しもうと考えた。

両親と私には、一九〇六年からロサンゼルスに家があった。だから、オックスフォード大学への留学を経てオクラホマの油田で働くようになる前は、カリフォルニアで学校に通っていた。私はカリフォルニアでの気楽な生活が大好きで、心から満喫していた。そのため当然のことながら、油田で稼いだ金を使って遊んで暮らす街としてロサンゼルスを選んだ。

「金はできた――もう引退する」。私がいともあっさり宣言すると、両親は目を丸くして驚いた。

母も父も私の決断を歓迎しなかった。両親ともに、若いころから必死に働いて生きてきた人物だ。母は結婚後も教師として働き続け、父がロースクールに通う資金を工面した。二人とも、人は存在を正当化するために働かなければならない、裕福な者は存在を正当化するために財産を活用し続けなければならないと固く信じていた。父は私に、経営者の財産は投資、そして再投資に使われなければならないと言い聞かせた。

「事業を立ち上げ、運営し、育てるためにその金を使え。お前の富はほかの無数の人々にとっては雇用の源なのだ。お前の富は、お前だけでなく多くの人に富とよりよい生活を与える源になりうる」。父はそう言って私を説得した。

しかし、正直に白状するが、当時の私は父の言葉に耳を貸そうとせず、自分のやりたいようにやることに決めた。父の言うことが正しかったと知るのは、あとになってからのことだ。私にはいかしたキャデラック・ロードスターが、高価な衣服が、そして欲しいものは何でも買えるだけの現金があった。だから遊んで暮らすという考えを変えなかった。南カリフォルニア、ロサンゼルス、ハリウッド界隈で、派手で楽しい生活を送ることに何一つ不自由することはなかった。そうこうするうちにアメリカは戦争に突入したが、私には召集がかからなかった。事務手続きに何やら問題が生じ、遅れていたのだ。結局、私のもとには「兵役の必要なし」という通知が届いた。つまり、私は第一次世界大戦の期間を遊んで暮らしていたのである。

しばらくしてからようやく、私は無為に時間を過ごすことに退屈し始める。一九一八年の年末、私は完全にうんざりしていた。そして一九一九年の初め、私はオイルビジネスに舞い戻った。二四歳でリタイアし、二六歳でリタイア生活をリタイアしたのだ！「だから言っただろ」とでも言いたげな父の笑顔を前に、私は自分を大いに恥じたものだ。

一九一九年時点で、オイルマンの関心はオクラホマから南カリフォルニアに移っていた。南カリフォルニアで新たな油田が発見され、採掘が始まっていたからである。新しいオイルラッシュが始まろうとしていた。私のほかにも多くの者が、ブームに乗り遅れまいと集まってきていた。南カリフォルニアで私が最初に試みた石油調査はさんざんな結果に終わった。プエンテ近郊のディディエ・ランチにカリフォルニアで最初の井戸を掘ったが、それは空井戸だった。

オクラホマで私を祝福した幸運が去ってしまったのだろうか、と思ったが、そうではなかった。運は私を見放さず、二回目以降の試掘は成功することが増えていった。サンタ・フェ・スプリングズ、トーランス、ロング・ビーチなどでいくつかの油井を掘ったが、そのほとんどから石油が出たのである。かなり有望な油井も少なくなかった。

私はほとんどの時間を掘削リグの上で過ごした。そこで労働者とともに働くことが習慣になり、その結果、予想以上に収益も上がっていった。というのも、ボスである私がいつも現場にいると、掘削員たちの働きが変わるのである。彼らは自分たちのことを、「実物を見たこともない、掘削の現場には一生姿を現さないであろう会社経営者に雇われただけの労働者」とみなすのをやめ、「ボスと互いに協力し合うパートナー」だと感じるようになる。結果として、士気が上がり、生産量が増えるのだ。

これはとても大切なことだ。というのも、南カリフォルニア全体で数百の井戸が掘られていたので、経験豊かな油田労働者が不足していたからだ。大企業の人事担当者は、業務に必要な人員を集めることに躍起になっていた。彼らは労働者市場で互いに張り合い、リグで働いたことが一度でもあるならどんな者でも囲い込もうとして、さまざまな特別待遇を提示した。しかし、誠実な労働に対してそのような賄賂が支払われることに、ベテラン労働者たちは憤りを感じていたのである。彼らは特別待遇など求めていなかった。自分たちと同じ目線で言葉を交わし、掘削の現場でともに働けるオペレーターと契約を結ぶことにこだわったのだ。

一つ、忘れられない思い出がある。そのころ私はある土地に穴を掘り始めたのだが、その近くではある大企業がすでに掘削を開始していた。労働者をおびき寄せるための滑稽なほど極端な努力の結果、その会社は特別な掘削リグを作った。同社の広報によると、リグの〝最終形態〟だそうだ。そのリグはてっぺんまで全体が蒸気で暖房されていたのである。また、現場まできれいな砂利道が通じていた。労働者のために湯の出るシャワーもあったし、待ち時間に作業衣を洗うための洗濯施設もあった！

ある日の午後、穴を掘り始めて間もない私のサイトに白髪交じりの掘削労働者がやってきて、ボスに会わせてくれと言う。私のもとに連れてこられた彼は、開口一番、ここで働かせてくれと申し出た。

「今どこかで仕事を？」と私は尋ねた。

「ええ」。苦々しい表情で、彼は答えた。

「どこで？」

「あそこですよ」と言って、顎で例の豪華リグを指す。私は、ここのリグには自宅のような快適さはない、と言ったうえで、あなたがなぜあのような待遇のいい仕事を投げ出してまで原始的な施設しかない私のオペレーションに参加したいのか理解できない、と付け加えた。

「私はあそこに四カ月いたのです。なのにまだ四〇〇〇フィートしか掘り進んでいないんだ！」と男はうなるように言った。

私は笑った。その地域の地層からしてみれば、四カ月で四〇〇〇フィート（約一九二〇メートル）というのは、笑ってしまうほど少ない数字だったのだ。

「同じだけ掘るのに、ここではどれくらいの時間がかかると思う？」と私は尋ねてみた。

するとベテラン労働者はにやりと笑ってこう答えた。「見たところ……一〇日ほどでしょう！　だから、あそこのあまちゃんではなくてあなたのところで働きたいんですよ！」

彼は私のところで働くことになり、それからの数年間、私から給料を得続けた。念のため付け加えておくが、その現場で私たちは記録的な速さで井戸を掘り、石油源を発掘した。〝最終形態〟のリグは空井戸を掘り当て、最終的に放棄された。

もう一つ、ボスとクルーの間に密接なチームワークと信頼関係が生まれたとき、どれほどの力が発揮されるかを示す格好のエピソードを紹介しよう。私が労働者と協力して、ある石油採掘権に関する〝解決不可能〟と思われた問題に取り組んだときの話だ。

舞台は油量が豊富なカリフォルニアのシール・ビーチにある、たくさんの油井に囲まれた小さな土地だった。なぜだか分からないが、その土地は付近で活動している企業から見落とされていた。私が株式の大半を所有しているある会社が採掘権を獲得していたが、損失として処理しようとしていた。誰もがそこを不毛な土地とみなしていた。なにしろ、その区画は小さな住宅の床面積程度の大きさしかなかったのだ。それに、近くを走る道路まで数百メートルの距離があったのだが、その道路に通じる道は一メートルほどの幅しかなかったのである。狭すぎて、設備や物資をトラックで運び入れることができなかった。たとえ運べたとしても、猫の額ほどの土地に通常サイズの櫓やリグを建てるのは不可能だった。その土地の周辺に採掘権を持つ企業に、彼らの土地を通行する許可をもらうこともできなかった。もしその土地で石油が出た場合、源は同じなので、彼らの油井から出る石油の量が減ってしまうからだ。

私が相談した関係者は一様に「あの土地のことはもう忘れろ。たとえ一〇〇万年経っても、あそこに井戸を掘ることはできない」と助言した。

しかし、頑固な私は何か方法があるはずだと主張し続け、この問題について私が最も信頼を置く男たち、つまり掘削クルーに話してみた。話を聞いた彼らが見せた反応は、私とまったく同じものだった。彼らはその問題を、抗いがたい挑戦とみなしたのである。

ある根っからの掘削員が楽しそうに言った。「現場を見に行きましょうよ、ボス。大丈夫、なんとかなりますって」。そこで私は数人のスタッフを連れて現場を下見したが、状況は実際に望み薄に思えた。

すると、例の掘削員がじっと考えたのち、こう主張した。「小型のリグを使えば掘れるでしょう。誰かが小型リグを設計してくれれば、俺たちが作って見せますよ――でも、問題は必要なものをどうやって道路からここまで運ぶか……」

小型の掘削リグというアイデアを聞いたとき、まわりの同業者から通行権をもらえないという解決不可能な問題に光明が差した。ミニチュア版のリグを使うのなら、物資輸送の問題もミニチュア版の線路を使えば解決できるのではないか。完璧な作戦だ。幅の狭い線路に貨物車を一台か二台走らせ、組み立て前の〝赤ちゃんサイズ〟の櫓の部品とそのほかの装備や物資を道路から現場へ届けるのだ。

愚かなほど頑固なのか、それとも他人が無理だと言うことを実現したいという気持ちが強いからなのか。おそらく、そのどちらも正解だろう。とにかく、私たちは小型リグと小型鉄道を調達した。線路を使って小型リグの部品を運び、狭い土地に手作業で組み立てる。そして穴を掘った。のちに私たちは、苦労に見合った利益を上げることができたのである。

一九二〇年代にも記憶に残る石油発掘が何度もあった。そのうちの一つが、ロサンゼルスの南方にあるアセンズ油田だ。私はその土地をおよそ一万二〇〇〇ドルで購入した。私は完全に独立して活動していたので、最初の油井を完成させるまでは経費をできるだけ抑えなければならない。そこで掘削現場を自分で監督することに決めた。私がクルーとして集めた男たちのなかに、石油産業界でトップクラスの掘削員が三人いた。ウォルター・フィリップス、オスカー・プロウェル、〝スポット〟・マクマードの三人である。一九二五年二月一六日、私たちは最初の油井を完成させた。深さ四三五〇フィート（約一三二五メートル）、初期の一日産出量は一五〇〇バレルだった。その後まもなく、私はそこにもう一つの油井を造り、産出量を一日二〇〇〇バレルに増やすことに成功した。それからの九年間、アセンズの二基の油井は四〇万ドル分の超過回収をもたらした――つまり、支出の合計額を大きく上回る利益が出たのである。

アラマイトス・ハイツのクリーバー採掘地はもっとすごかった。私はその土地の採掘権を一九二六年の一〇月に自腹を切ってある男から八〇〇〇ドルで買ったのだが、男はそれを数日前に四〇〇〇ドルで買ったばかりだった。つまり、彼は手早く金を作りたかったのである。

私は第一油井を一九二七年二月二一日に掘り終え、同じ土地にさらに続けて三つの井戸を掘った。そのすべてが、産出量の極めて多い油井になり、一日の産出総量は一万七〇〇〇バレルを超えるほどになった。一九二七年から一九三九年にかけて回収した額は、およそ八〇万ドル——投資額の一〇〇倍の利益ということになる。しかしながら、最初の油井が産出を始めてから数週間後、私は財産だけでなく、その土地での採掘権も失いそうになっていた。理由は二つある。そのうちの一つは、独立オペレーターが主要石油会社と敵対すると何が起こるかをよく物語っている。もう一つの理由は、大企業の多くは独立オペレーターを押しつぶすことに何一つためらいを感じない一方で、独立オペレーターに救いの手を差し伸べようとする企業も存在することを証明している。

クリーバーの第一油井が一日に五一〇〇バレルもの量を産出し始めるやいなや、私は原油の買い手を探し始めた。しかし驚いたことに、最初に声をかけた企業は取引することを拒んだ。明らかにボイコットと呼べる態度だ。その態度の理由は数日後に明らかになった。腹立たしいことに、複数のブローカーがクリーバーの採掘権を安価で譲り渡せと私に電話をしてきたのだ。ブローカーたちは、誰の命を受けて私に接触しているのか、決して明かさなかった。

そのときすでに、私は石油業界で十分な経験を積んでいたので、それが組織的な商売合戦であることに気づいた。特定の関係者が私の土地の採掘権を欲していたのである。採掘権をばかばかしいほどの安値で売り払うか、油井が産出する石油を誰にも売れないまま抱え込むか、私の選択肢はその二つしかなかった。

売ることができないのなら、貯蔵する方法を見つけるしかない。ロサンゼルス界隈でたった一つだけ、利用可能な貯蔵施設が見つかった。廃棄された製油所にある二基の貯蔵タンクで、合計して一五万五〇〇〇バレルを貯蔵できる。私はすぐにタンクを借りることにした。第一油井が毎日算出する五一〇〇バレルの買い手をまだ探していたある日、第二油井が一日につき五〇〇〇バレルの産出を始めた。それからまもなく第三油井が稼働する。毎日五一〇〇バレルを汲み上げた。そして第四油井。これは出来損ないで、一日に二一〇〇バレルしか生み出さなかった。このような調子だったため、二基の貯蔵タンクはまたたく間に満ちていったが、原油を売る相手はそれでも見つからなかった。私はタンクが完全に満たされてしまえば、操業をやめるしかない状態に追い込まれていた。

これでは、四つの油井から収入を得ることはできない。掘削費用によってすでに大幅に目減りしていた私の流動資金は、タンクの賃貸と油井から貯蔵所までの原油のトラック輸送により、一気に底を突こうとしていた。財政的な破綻は目前に迫っていた。そこで私は、大手の石油会社――シェル石油――に正面攻撃を仕掛ける覚悟を決める。運のいいことに、当時シェルの社長だったサー・ジョージ・リー・ジョーンズがたまたまロサンゼルスを訪問していた。どうせ無駄だろうと半ば諦めながらも、私は彼に面会したいと申し出た。するとありがたいことに、彼は私に会うことを承諾してくれたのである。

サー・ジョージは私の言うことを注意深く聞いてくれる、心の温かい友好的な人物だった。シェルが私を妨害している企業ではないこと、そして彼がそのような妨害戦略を忌み嫌っていることは明らかだった。私の話を聞くうちに深くなっていった彼の眉間のしわが何よりの証拠だ。私が話を終えたとき、彼は安心しろと言わんばかりに微笑んだ。

「大丈夫。私がなんとかしましょう」。彼は笑顔でそう言った。

手始めとして、これからクリーバー採掘所で採れる原油の一七五万バレルをシェルが買う、とサー・ジョージは約束した。加えて、シェル社のパイプライン網を私の油井にまで伸ばす、とも。しかも、すぐに建設を開始するという。

サー・ジョージとシェル社は約束を守った。早くも翌朝、シェルのスタッフがクリーバーの私のもとにやってきて、パイプラインの敷設を始めたのだ。これで私に対する包囲網は破られた。そしてクリーバーは豊かで安全な採掘所に変わったのである!

一九二〇年代が終わりに近づくころ、アメリカの石油産業は急激に変化を遂げようとしていた。業界は急成長を見せ、複雑さも増した。それに伴い、石油の発見と生産にかかる費用も加速度的に増していった。採掘権の買収だけでなく、調査や掘削の機械設備にかかる費用も高騰。既知の油田地帯では、すでに地表近くにある石油層はほぼすべて発見され、石油が涸れ始めていた。したがって、より広範囲に、そしてより深く掘る必要が生じていたのだった。

業者間の吸収合併も進んだ。独立オペレーターの多くが職を失うか、大企業に呑み込まれた。

また、石油業界だけでなくアメリカ経済全体に不穏な空気が流れ始めていた。株価は信じがたいほどの高値で推移していたが、経済危機の予兆が報告され、警告が発せられ始めていたのである。

私のような試掘者にとって、極めて危険な時期だったと言える。拡大を続けるビジネスのすべて――採掘地、油井、会社――をしっかり管理しなければならない。加えて、私は父の会社群の株式の大半を保有していた。数年をかけて買い集めていたのだ。そしていよいよ、父の健康状態が悪化し始めた。そのため私は、父の経営する複数の会社の経営管理にも積極的に携わらなければならなくなっていた。

一九二九年、株式市場が崩壊する。その翌年、父が脳卒中で倒れた。彼は七四歳という高齢にもかかわらず、数週間も死に勇敢に立ち向かい続けたが、一九三〇年五月三一日にその戦いに敗れ、この世を去った。しかし、母と私には悲しんでいる余裕などなかった。彼が遺したビジネスを維持し、会社を率いなければならなかったからだ。しかも、連邦政府は相続税の早急な支払いを求めて圧力をかけてくる。ほかにもたくさんの問題が生じた。加速する不況のなかで、それらすべてに対処するのは容易なことではない。私たちは全神経を問題解決に集中しなければならなかった。すべてを――父の持ち株だけでなく、私の会社や株式も含めたすべてを――売り払って現金に換えろ、という助言を私は何度耳にしたことだろう。

「状況は悪化する一途だ。経済は完全に崩壊するだろう」と彼らは主張した。

しかし、私にはそう思えなかった。私はこの国の経済基盤は健全だと確信していたので、今後しばらく下降を続けるとしても、そのうち勢いを取り戻し、かつてないほど力強くなると考えていた。今は買い時だ、売り時ではない、と。

石油関連株の多くは史上最安値で売られていた。まさにバーゲンセール状態だ。私は、探査や産出といったそれまで専門にしてきた分野だけでなく、輸送、精製、小売りまでも含む、完全に統合された自己完結型のオイルビジネスの可能性に思いを巡らせ始めた。

政治と同じでビジネスでも多数派の考えや行動に逆らうのは簡単なことではない。支配的な意見の流れに逆らって泳ぐと決めたら、妨害され、嘲笑され、罵倒される覚悟を持たねばならない。一九三〇年代の大不況の底で株式を大量購入し、自己完結型のオイルビジネスを構築しようと決断したときの私も、その覚悟を決めた。ライバルはもちろんのこと友人や知人までもが、私のように株式を買いあさるのは致命的な過ちだと考えていた。当時の七大石油会社の一つの株主になって経営に参画するつもりだと発表したときは、それまで理解を示してくれていた人々ですら、私は完全に正気を失ったと思ったようだ。

大企業には独立オペレーターの興した会社を買い上げる力があり、実際に買い上げてきた。しかし、独立オペレーターが大企業を買うなどということが可能だろうか？　それはまさに、確立された秩序を逆さまにする試みで、あってはならないことだった。

それでも私は未来だけを見据え、計画を実行に移した。私が直接運営していた、あるいは大株主だった会社はどれも、石油の発見と採掘を商売にしていた。それらの石油、そして今後新たな採掘地で採れる石油を確実に市場にもたらすためには、適切な精製や販売施設を有し、原油を必要としている会社に投資するのが賢い判断だと思われた。しかし、カリフォルニアにはそのような会社は七つしかなかった。そのどれもが大企業だったのである。

その筆頭がカリフォルニアのスタンダード・オイル社——独立オペレーターが噛みついて消化するにはあまりにも大きい。同じことがシェル石油にも言える。次の候補はユニオン・オイル。この会社は独自の原油供給源を所有していた。ゼネラル石油もそう。さらに、この会社は事実上非公開企業だったので、株式を購入することは不可能だった。残るは三つの企業だけだ。リッチフィールド・オイルは当時管財人の管理下にあったので、あまり魅力的ではなかった。テキサス・オイル社は自前の供給源から原油を得ていた。こうして最後に残ったのがタイド・ウオーター・アソシエイテッド・オイル社だった。

私には、同社の株を買うのが、最も理にかなっていると思えた。この会社は精製する原油の半分は自前で採掘していたが、残りの半分は他社から購入していた。また、販売網がしっかりしていて、製品の評判も高かった。

タイド・ウオーターと結びつくことにはたくさんの利点があると私は考えた。私だけでなくすべての関係者、特に同社の三万四六六八人の個人株主と製品を買う消費者にとっての利点が。

一九三二年三月、タイド・ウオーター作戦の皮切りとして、私は一二〇〇株を一株二・五ドルで購入した。それから六週間のうちに、持ち株を四万一〇〇〇株にまで増やした。私が同社を意のままに支配できるようになったときには、二〇年近くの歳月が流れていた。それだけの時間をかけて、私の所有企業と私自身がタイド・ウオーターの普通株式を数百万株買い続けたのである。不況下にあった一九三二年に底値で株を買い始めたのは正解だった。それからの五年でタイド・ウオーターの普通株式の価値は一六ドルを超えたのだ。そして最終的には買った株すべての価値が何倍にも膨れ上がったのだから。

タイド・ウオーター・アソシエイテッド・オイルの支配権を手に入れるのは簡単なことではなかった。リスクやライバルは後を絶たず、禁じ手なしの委任状争奪戦や訴訟合戦が繰り広げられた。先行きに不安が広がり、もうだめかと思うことも何度もあった。

私が初めてタイド・ウオーターの経営において発言権を得ようと試みたのは一九三二年五月のことだ。自分が持つ四万一〇〇〇株に加えて、一二万六〇〇〇株を代表する委任状を武器に、私は年次株主総会に参加した。ところが最後の最後になって、委任状が無効にされた。私の努力は水の泡になった。私はさらに株式を買い進め、タイド・ウオーターの取締役に意見を届けようとしたが、彼らは私の考えを受け入れようとしなかった。長く激しい戦いが続いた。どうしてだろうか？　それにはいくつかの理由が考えられる。何よりもまず、私は部外者だ。取締役室の威圧的な空気にはまったくと言っていいほどなじんでいなかった。

私が手当たり次第に株を買い集めていると聞いたとき、タイド・ウオーターの取締役の一人が「ポール・ゲティは自分の居場所に戻るべきだ――掘削リグに」と叫んだというわさだ。おそらく、取締役のなかにはほかにも私に対して悪い印象を持つ者がいたに違いない。

私はタイド・ウオーターの組織や経営について注意深く調査したうえで、経営陣にいくつかの点で変化を受け入れ、新しい方針を打ち出すよう求めた。そうした要求は、保守的な取締役には過激に映ったのだろう。私はかなりの反発に遭遇した。

また、調査の結果として、私はタイド・ウオーターの精製プラントの多くはすでに時代遅れであるか、まもなく時代遅れになると主張した。対策として、プラントの近代化あるいは建て替えを検討すべきだと意見したが、経営陣は不況時にそのような設備投資をすることに尻込みした。取締役たちは自らの消極的な態度を「不可欠な用心」と呼んだが、私の目には、そのような節約は近視眼的で危険な行為に見えた。

一九三三年の時点でゲティ財閥には二六万のタイド・ウオーター資産が集まっていた。もはや誰にも無視できない数字だ。私は取締役に選ばれた。とはいえ、それは形ばかりで中身のないものだった。私は大勢のメンバーの一人に過ぎず、ほかの取締役は一致団結して私の意見に反対したからだ。だから私はタイド・ウオーター株を買い続けた。委任状争いと訴訟合戦も終わらなかった。差し止め命令、禁止令、召喚状などが飛び交った。

一九三七年の後半までに、ゲティ財閥は経営について発言するのに十分な数の株を集めることに成功した。その三年後、私たちは一七三万四五七七株――議決権株式の四分の一をわずかに超える量——を保有していた。そのころから私の提案する変化の多くが受け入れられるようになった。一九五一年、私はタイドウオーターを数で支配できるだけの株式を手に入れた（この時点で、会社の名前はタイド・ウオーター・アソシエイテッドからタイドウオーターに変わっていた）。その二年後、一人を除くすべての取締役をゲティ財閥が選出した。これをもってタイド・ウオーター作戦は終了したことになる。現在、タイドウオーターの資産は八億ドルを超えている。

一九八三年、私はひとまずオイルビジネスに見切りをつけ、ニューヨーク市のホテル・ピエールを二三五万ドル、オリジナル価格（一九二九年～一九三〇年）の四分の一以下の価格で購入した。のちに、メキシコのアカプルコに数百エーカーの土地を買い、レボルカデロ・ビーチにピエール・マルケス・ホテルを建てた。記事では私がたくさんのホテルを所有していると書かれることが多いが、実際に私が持っているのはこの二件だけだ。

一九三七年、タイド・ウオーター作戦の一環として、私はミッション・コーポレーションという名の会社の支配権を得ていた。ミッション社の資産のなかにはオクラホマのタルサに本拠を構える大規模石油会社であるスケリー・オイルの株式が含まれていた。つまり、私は偶然にも、一九三七年時点で純利益が六四〇万ドルの会社の支配権も手に入れたのだった。この会社の総資産は現在三億三〇〇〇万ドルに膨れ上がっている。

これで終わりではない。スケリー・オイルの子会社のなかにスパルタン・エアクラフト社という会社があった。これはタルサで一九二八年に設立された航空機製造およびパイロットとナビゲーターの育成会社だ。一九三九年の一二月七日、私は初めてスパルタン・エアクラフトの工場を訪問した。同社の製造事業はこぢんまりとしたもので、工場作業員は合計で六〇人しかいなかった。一方、パイロット訓練学校のほうは盛況で、実際、同校はアメリカの民間育成機関としては最大の規模を誇っていた。

そのとき、私はすでに戦争に突入していたヨーロッパへの旅行から戻ってきたばかりで、アメリカもそのうち参戦し、枢軸国陣営を相手に戦うことになるだろうと予想していた。そのため、国防プログラムにおけるスパルタン・エアクラフトの重要性も増すに違いないと考えた。ただし、それがどれだけの重要度を帯びることになるか、正しく予想することはできなかったのだが。

スパルタンの工場を初めて訪問した日からちょうど二年後、日本軍が真珠湾を攻撃し、アメリカが戦争に突入した。同じ月に、私の愛する母が他界した。私にとって、大きな打撃だった。私はすでに五〇歳に近づいていたが、まるで若者のように母の死にショックを受けた。

戦争の話題が新聞を埋め尽くしていた。私は第一次世界大戦で国のために戦うことができなかったので、第二次大戦では何かの役に立ちたいと願っていた。私は天文航海学を学び、三隻のヨットを所有していた。最大のものは二六〇フィート級のヨットで重さが一五〇〇トン、乗組員は四五人だ。そこで、海軍の志願兵として名乗りを上げた。ところが残念なことに、私の申し出は丁寧に、しかしきっぱりと跳ね返された。海軍には中年の実業家にできる仕事はない。どうしてもと言うなら、陸上での事務仕事で満足してもらう、と。いろいろと手を尽くした結果、私は海軍長官のフランク・ノックスに面会し、自分の思いを伝える機会を得た。私は彼に、海軍の一員として海上で奉仕したいと願い出た。

「あなたには事務官、あるいは兵站管理官として奉仕する資格はある。しかし海上勤務は問題外だ」。ノックス長官はそう言って言葉を止め、私をじっと眺めてから続けた。「あなたはスパルタン・エアクラフトに深く関係していると聞いているが」。私はそのとおりだと答えた。

するとと彼はこう話した。「軍は今、大規模生産が可能な航空機製造工場を必要としている。あなたがこの戦争で担うことができる最重要の役割は、ほかのビジネスのことはすべて忘れて、スパルタンの経営をあなた自身で掌握することだ」

一九四二年二月、私はスパルタンの社長としてタルサにやってきた。やることは山ほどあったのに、時間は限られていた。工場も含め製造施設全体を拡大し、機械設備を拡充し、エンジニアや技術者を募集し、何千人もの作業員を雇ったうえで訓練しなければならない。だが、さまざまな障害、物資不足、つまずきを乗り越えて、一八カ月も満たないうちに、同社の生産はピークに達した。

私は前線で奮闘し、戦争の期間ずっとスパルタンの舵を取り続けた。戦争が終わる前、スパルタンの飛行訓練学校では一七〇〇人の飛行士候補生を訓練していた。最盛期には五五〇〇人以上の従業員を擁したスパルタンの工場には、太平洋戦争勝利の日の時点でおびただしい量の航空機部品が集まっていた。大手航空機会社のために生産を請け負っていたものだ。例えば、Ｂ24爆撃機の昇降舵と補助翼と方向舵が五八〇〇組、Ｐ47戦闘機のエンジンマウントが二五〇〇組、数百のカーチス急降下爆撃機用エンジンカバー、数千のダグラス急降下爆撃機用操縦舵面、グラマン・ワイルドキャット戦闘機の翼、ロッキードＰ38追撃機の尾部支材などである。また、スパルタンは元請負契約に基づき、Ｎ１初等訓練機も製造していた。

スパルタンの生産力を軍は高く評価し、そこでの労働を通じて勝利に貢献した男女の能力と忠誠心に賛辞を送った。戦後は移動住宅用のトレーラーを生産することになった会社の劇的な転換を指揮するために、私は一九四八年までスパルタンに残ったが、その後は自分の出発点であり、最も愛する仕事でもあるオイルビジネスに舞い戻った。

私の石油関連企業は以前にも増して繁栄し、活発な活動と成長を続けていたが、さらなる拡大の機会がやってきたと感じられた。戦争を通じてアメリカの埋蔵石油に対する需要が高まったことに加えて、戦後は全世界で石油の消費量が急激に増えていたからである。石油採掘業者は新たな油田を求めて、カナダ、中南米、アフリカ、中東へと活動範囲を広げていった。直感か虫の知らせか、はたまたただの幸運か、とにかく私は中東が石油の探査にとって最も有望な候補地だと感じた。実は一九三〇年代にも一度、中東地域で石油を採掘する権利を得る機会があったのだが、私はそのチャンスをみすみす取り逃がしていた。だから今回こそは、以前逃したチャンスを取り返すため、採掘権を得ると心に決めていた。一九四九年二月、私たちはいわゆる中立地帯――ペルシャ湾沿岸、サウジアラビアとクウェートの間に横たわる実質上無人で、探索もほとんどされたことがない不毛の地――で六〇年間の採掘権を得た。

権利を認めたのはサウジアラビア国王イブン・サウドで、利益は双方で山分けすることになった。中立地帯で探査および掘削をする権利という特殊な事情を鑑みて、私はサウジアラビア政府にすぐに一二五〇万ドルを支払った。それほどの額を前払いするのには莫大なリスクがある。業界関係者の多くが、私と私の会社は破産するだろうと公然と予想した。

四年後、ついに私たちは中立地帯で石油の産出に成功した。それまで、実に一八〇〇万ドルを費やした。しかし一九五四年、私は、私の破滅を予言していた人々をネタに、穏やかな気持ちで笑うことができた。中立地帯は世界で最も潤沢な石油の宝庫であることが明らかになったからだ。どこを掘っても石油が出た。石油地質学者は、私が採掘権を持つ領域の埋蔵量は少なく見積もっても一三〇億バレルを超えると予測したのだ！

膨大な埋蔵量に加え、中東だけでなくほかの場所でも油井が稼働していた。つまり、毎年数百万バレルの産出量があるということになる。こうなると、事業をさらに別の方向へも拡大させざるを得ない。会社はおびただしい量の原油を処理するために、追加の精製施設を購入したり建てたりしなければならなかった。パイプライン、貯蔵施設、労働者の住宅、そのほかさまざまな施設や設備が建てられ、今も建設が続いている。

一九五七年、デラウェア州ウィルミントンに二億ドルを投じたタイドウオーター・オイル・カンパニー製油所が完成した。もう一つ、サンフランシスコ近郊の製油所が六〇〇〇万ドルの費用で近代化された。さらにイタリアのガエータには、一日当たり四万バレルを処理する製油所が、デンマークには一日二万バレルのキャパシティを誇る製油所が新設された。

一九五四年から一九五五年にかけて、超大型タンカー船団の第一号船の建設が始まった。これまでにすでに数隻が完成し、実際に運用されている。このタンカー建造計画は現在も急ピッチで進んでいる。すでに完成したものと現在建造中のものとを合わせると、載貨重量は一〇〇万トンを超える。船のなかには、七万トン以上を積める本当に巨大なタンカーもある。

最近になって、ゲティ財閥はカリフォルニア州ロサンゼルス、オクラホマ州タルサ、そしてニューヨーク市に、総額およそ四〇〇〇万ドルをかけて新しい社屋を建てた。生産するものはそれぞれ異なるにもかかわらず、ゲティ財閥に属する工場や事業は例外なく拡大を続けている。経営陣は絶えず生産を増やす道を模索していて、現在も新製品の開発や既存製品の新しい使い方の発明などを目指した大型のプロジェクトが進行中である。そうした活動の多くが石油や鉱物に関連しており、今も四つの大陸で精力的に行われている。

以上が、オクラホマ油田での試掘者として始まった私の富と成功の旅の物語である。ここで、極めて個人的な話を付け加えておきたい。私には少し残念に思っていることがある。

ずっと、私は個人として有名になることを避けていた。結果として、私は基本的にあまり有名にならずに済んでいた。いや、むしろ私が有名になろうとも人目を遠ざけようともしなかったため、名声のほうが私を避けていた、と言うほうが正しいかもしれない。ところが、この心地よい〝無名〟の状態は、一九五七年一〇月に突如として終わりを告げた。フォーチュン誌がアメリカで最も裕福な人々のリストを掲載したからである。私の名前がその筆頭にあった。記事は私のことを億万長者（ビリオネア）にして「アメリカで最も裕福な男」と呼んだ。その後、ほかの出版物がさらに大げさに「世界で最も裕福な男」とはやし立てた。

それからというもの、どれほどの財産があるのか正確に教えてくれという依頼が私のもとにひっきりなしに舞い込んでくるようになった。私は「分からない。知る方法がない」と正直に答えるのだが、誰も信じようとしてくれない。実際、私は財産のほとんどを自分のビジネスに投資している。自分がどれだけ裕福なのか、どれほどの富があるのか、気にしたことなどないのだ。

今のところ、私の会社はどれも繁盛していて、さらなる拡大を目指した野心的な作戦を展開中だ。私の主な関心は、それらをさらに成長させ、雇用を増やし、人々により多くの製品とサービスを届けること。確かに、今の時代には悲観的な言葉があふれているが、私たちは、経済状況は全体として上向きであり、世界は過去のどの時代よりも繁栄しようとしていると確信している。

誰でもミリオネアになれる

アメリカのミリオネアクラブの扉は開いている。昨今、その反対のことが一般に信じられているようだが、成功して一〇〇万ドル、いやそれ以上を手にするのは今でも不可能ではない。精力的で想像力に富み、斬新なアイデアを新しい製品やサービスに変える力を持つ者が活躍する場は、まだ存在している。

成功者は、人から何度も同じ質問を投げかけられる。「どうすれば私も――ほかの人も――裕福になれるのでしょうか？」

私が四〇年前に独立した試掘者として仕事を始めたことを説明すると、彼らは皆こう言う。「でも、あなたはラッキーでしたよ。一攫千金がまだ可能だった時代に事業を始めたのだから。ですが、今はそうはいきません。無理な話です」

知識人と呼ばれる彼らがそのようにネガティブな、そして私に言わせれば完全に誤った考えを持っていることに、私はいつも驚かされる。発想が豊かで才能のあるダイナミックな若者にとって、現在は過去のどの時代よりもビジネスで財を成す機会にあふれていることは、否定しようがないほど明白だというのに。実際にここ数年、数多くの利発で行動的なビジネスマンがさまざまな事業に成功して富を手に入れた。

例えば、私の知るある弱小企業の役員だった男性。一九五三年、彼はとても丈夫でさまざまな用途に利用できるプラスチックが開発されたという話を耳にしたとき、高価な建設資材の代わりにその新素材を使えば経済的に有利なのではないか、と考えた。そこで彼は貯金をはたいて、さらには借金までして、製造ライセンスを買い取り、必要な設備を整えたうえで、そのプラスチックの製造と販売に乗り出した。一九六〇年時点で、彼の個人資産は一〇〇万ドルを優に超えている。

まだ若いエンジニアだったジョン・S・ラーキンスは、ミシガン州の小さな町ロイヤルオークで電子機器を製造するイロックス社を引き継いだ。業界で電子制御装置に対する需要が高まっていることに目を付けたラーキンスは、その開発と生産に集中する。それから六年も経たぬ間に、彼は会社の年間総売上を一九万四〇〇〇ドルから二二〇万ドルに増やすことに成功した。

一九四二年、当時一六歳だったチャールズ・ブルードーンは週給一五ドルの綿花仲買人としてキャリアをスタートさせる。そして主にブラジルからのコーヒー豆の輸入を通じて、一九五〇年までに自分一人の力で一〇〇万ドルを稼ぐことに成功した。現在、彼が率いる複合企業体ガルフ・アンド・ウェスタン・インダストリーズは年間一〇億ドルを大きく超える売上を記録している。

今という時代はそのような成功物語であふれかえっている。私が個人的に知る人物のなかでは、故メルビル（ジャック）・フォレスターが格好の例だろう。

ジャック・フォレスターは第二次世界大戦中、ヨーロッパで戦略諜報局員として活動し、素晴らしい功績を挙げたのだが、太平洋戦争終結後、パリにいた彼は職を失い、貯金も尽きようとしていた。そこで、いわば情報屋としてワールド通商社という大規模投資会社のために働くことにする。フォレスターはヨーロッパ、中東、そしてアジアを飛び回り、ワールド通商が投資するにふさわしい事業や計画を探した。頭の切れる彼にはもってこいの仕事だ。わずか数年のうちにフォレスターは同社の子会社であるワールド通商フランスの社長に任命された。私はフォレスターのことを戦前から知っていたのだが、一九四九年に再会する機会があった。そのときに彼は、太平洋戦争が終わってからずっと何をしていたのか話してくれたのだった。

「うちで働いてくれないか？」。私は尋ねた。

すると彼は笑いながら言った。「オイルビジネスにはあまり詳しくない。でも、すぐに覚えるでしょう」

フォレスターは本当に学習が早かった。一九五〇年に入ってから、彼は私の系列会社でも難しい交渉を担当するようになり、有益な石油利権の獲得に一役買ってくれただけでなく、タンカーや精製所、パイプラインなどの建設に関する取引やオペレーションがスムーズにいくように、それらの下準備にも携わってくれた。

一九四五年、元諜報局員のジャック・フォレスターは失業し、貯金も底を突きそうだった。平和な時代の生活への〝再スタート〟がうまく切れずに苦しんでいた大勢のうちの一人に過ぎなかった。その彼が、一九六四年に若くして息を引き取るまでには、ビジネスマンとして目覚ましい成功を収め、長者になっていたのである。

このように、現代でも若者がビジネスマンとして成功し、一〇〇万ドルを、いやそれ以上を稼ぐことは可能だということを証明している例はいくらでも見つかる。私は予言者でもなければ事情通でもない。経済学者でも政治学者でもない。実際に活動する実業家として話しているのである。ただし、会社の経営という最重要の義務と責任を果たすために、私はこれまでずっとアメリカと世界のビジネス状況やトレンドを慎重に観察・研究してきた。これまで集めてきた情報をもとに考えたうえで、私は不測の事態でも起こらないかぎり、経済の展望は明るく、今後もますます発展していくと確信している。先見的で、進歩的で、そして何よりオープンな考えを持つアメリカ人経営者は、ベテランか新参者かを問わず、自分たちの将来に、今後数年だけでなく数十年に、大きな期待を寄せていい。そうする理由はいくらでもあるのだ。アメリカのビジネス界において、自由企業資本主義における機会のなさと息苦しさを嘆くことがずいぶん前から流行しているのは、いや、それどころかそうすることが当たり前になっているのは、重々承知している。それでも私は、未来は明るいと言いたい。

悲観論者たちは、アメリカの自由企業体制の崩壊が目前に迫っている〝理由〟として、「厳しい課税」「人件費の高騰」「他国との不公平な競争」「忍び寄る社会主義」をよく挙げる。私に言わせれば、これらはまったくのナンセンスだ。想像力がない者、無能な人物、見識に乏しく了見の狭い怠け者たちが使う便利な言い訳に過ぎない。確かに、税金は高すぎる。それに種類もあまりにも多い。まもなく、いや今すぐにでも、アメリカの税制は根本から見直されるべきだろう。現在は連邦、州、郡、市のそれぞれに独自の税制があるため、国民にとっては悪夢のような状態が続いている。これに取って代わる筋の通った公正な制度を考える必要がある。しかしそれが実現するまで、ビジネスは今の税制とうまく折り合いを付けてやっていくしかないのである。そしてはっきり言わせてもらうが、うまくやっていくのは〝可能〟だ。なにしろ、最も槍玉に挙げられることが多い所得税は、利益にのみ課税されるのだから。アメリカでは裕福な経営者がかつてないほど増えている。アメリカの会社が税金のせいで廃業に追い込まれたなどという話を、私はこれまで一度も聞いたことがない。

人件費が高いというのも本当の話だ。しかし、私が見るところ、人件費が高いと不満を言う者にかぎって、製品の広告や販促キャンペーンに数百万ドルという額を費やしている。しかし、いくら宣伝したところで、労働者たちが十分な賃金を得ていなければ、陶磁器も、庭用家具もスプレー式パイプクリーナーも、誰にも買えないではないか。労働者には十分な賃金を得る資格がある。彼らが富を生み出したのだから、その分配を受けるのは当然のことだ。労働者階級が豊かでなければ、大衆市場（マスマーケット）は存在しない。そうなると、商売人や製造業者が大量に商品を売りさばく機会は失われる。そのような社会では誰も繁栄などできない。一方、労働者のほうは、高度・高水準な生産を維持する場合にのみ高い賃金を得る、そして今後も得続けることができると理解しておく必要がある。耳の痛い話だと思うが、資本家も労働者もこの点を理解し、これまで続いてきた不毛な論争に終止符を打つべきだろう。好むと好まざるとにかかわらず、双方とも相手がいなければ存在できないのだから。資本家か労働者のどちらかが現在のシステムに取って代わる全体主義的体制を見つけ、心から満足できる世界を作れるとは到底思えない。

外国との競争に話を移そう。私の経験では、競争に立ち向かう想像力も気力もない経営者が、痛手を負った途端に不公平だと文句を言い始める。外国だろうが国内だろうが、競争には立ち向かい、勝たなければならない。自由企業体制にとって、競争とは厳しければ厳しいほど、激しければ激しいほど、いい刺激になる。競争がなければ経済は停滞するだろう。

〝不公平〟な対外競争をなんとかしろと連邦政府に声高に要求する個人や圧力団体は、競争こそが経済を動かす刺激であるという事実を都合よく無視する。彼らが政府に〝やれ〟と求める〝何か〟とは要するに、外国がアメリカと取引するのを阻むために空よりも高い関税の壁を築くことだ。思いつくかぎり、最も愚かな政策と言えるだろう。

では、忍び寄る社会主義についてはどうだろうか？　この主張は何の根拠もない間違いだと結論できる。なぜなら、一〇年前、二〇年前あるいはそれ以上前に比べて、現在の自由企業主義の体制下では自らの意見を発するアメリカ人経営者がはるかに多いからである。

悲観主義者や敗北主義者の主張に納得できる点は、私には一つも見つからない。暗い未来を思い描いて嘆き悲しむ予言者というのは、いつの時代にもいるものである。

私が買収したとき、マンハッタンの高級地、五番街六一丁目にあるホテル・ピエールの価格は二三五万ドルだった。予言者や水晶玉の力を借りなくても、それが安い買い物だったことは誰の目にも明らかだろう。アメリカは不況から勢いよく回復し、ビジネスを取り巻く環境は改善し続けた。出張旅行や個人旅行も盛んになった。当時、ニューヨークに建設中のホテルはほとんどなく、近年中に建設される計画もなかった。つまり、ホテル・ピエールは安いうえに、大きな可能性も秘めていたのである。しかし、悲観論者たちは暗黒の時代の到来を予測するという自虐的な趣味に没頭していたため、そのような安売りが目の前で行われていることに気づかなかったのだ。

私は一九三八年の一〇月に交渉を開始し、翌年の五月にホテル・ピエールを買収した。現在のニューヨークにホテル・ピエールと同じものを建てるとしたら、土地および建設の費用は二五〇〇万から三五〇〇万ドルほどになるだろう。

自慢しているのではない。私はただ、大きな利益を得るチャンスは存在するということを示したいだけだ。経営者は破滅予言者の悲観的な意見を無視して、チャンスをチャンスとして捉えて行動すればいい。

一九三八年に比べると、現在の状況は大きく異なっている。一九三二年や一九一五年ともまったく違う。しかし、アメリカのビジネスが最も必要としていないものが、不平や言い訳、あるいは敗北主義である点は今も昔も変わらない。

アメリカのビジネスが必要としているのは、そして今後ますます必要度が増していくのは、着々と進歩する産業・商業界を率いる責任を負うことに前向きで有能な若い経営者だ。そうした若者を待っているのは、事実上無限の報酬である。発展の余地はまだまだあり、ミリオネアクラブの会員リストは空白だらけだ。では、なぜ空白がなかなか埋まらないのかというと、私が思うに、若くて有能なミリオネア候補の多くが、本当のスタートを切る前に諦めてしまっているからだろう。彼らは目の前にあるチャンスを探す代わりに、悲観論者たちの言葉に耳を傾けてしまうのだ。彼らは富を成した者、成しつつある者に目を向けていない。

すでに述べたように、私は石油の試掘者としてキャリアをスタートさせ、それからずっと石油産業を商売の中心に置いてきた。その私にとって、現代の若者が小規模な試掘者の時代は終わったとみなしているのが不思議でならない。真実はまったく逆なのである。

石油とはおもしろいものだ。あるとは思えない場所で見つかることが実に多い。新参者の試掘者が石油を見つけて富を手に入れる可能性がある場所は、アメリカにもまだ数多く存在している。確かに、オイルベルトと呼べる場所の大部分はすでに特定され、採掘が進んでいる。しかしその一方で、専門家がこれまでほとんど注目してこなかった場所も数多く残っているのである。

私が試掘を始めたころ、誰もがオクラホマの赤色層には石油はないと主張していた。同じように、石油オペレーターたちは三〇年か四〇年前まで、例えばオレゴン、ワシントン、アイダホ、アイオワ、ユタには石油がないと考え、ずっと無視していた。この思い込みが石油の探査地の選別にもずっと影響し続けていた。ところが、ほんの数年前に試掘者がユタで掘削を始めたとき、それが根拠のない思い込みであったことが証明された。石油が見つかったのである。

賢明な小規模試掘者が活躍する余地は、現在も豊富に残されている。試掘者はすでに発見済みで、そのためすでに採掘が始まっているオイルベルトの外側で探査を行わなければならないが、科学と技術の発展のおかげで、石油の探査と発掘自体は以前よりも容易になった。

一九一四年当時はまだ生まれたばかりで未熟な状態にあった石油地質学は、その後、目覚ましい発展を遂げた。今の地質学者には、かなりの精度で石油の存在を言い当てるだけの知識も、経験も、装備もある。地表から浅い部分にある石油はすでに発見し尽くされているため、今後の油井は二〇世紀前半のそれよりも深く掘る必要があることは確かだ。とはいえ、最新の掘削リグと設備を使えば、現代のオペレーターは私が一九一六年に二五〇〇フィート（七六二メートル）を掘ったときよりも速く、そして安価で、六〇〇〇フィート（約一八二九メートル）を掘ることができる。しかも、当時の一ドルは今の一ドルよりもはるかに価値があったにもかかわらず、だ。

若者にとって、大きなチャンスが転がっているのは石油産業だけではない。チャンスを見つけるための広い視野と想像力がある人々にとって、現代には活発なビジネスを行い、繁栄する機会が、過去のどの時代よりも多く秘められている。国内外で人口が急激に増加し、世界中の人々が生活環境と生活水準の向上を求めている。この事実こそが、今後長年にわたり、商品やサービスの市場が拡大し続けることを保証している。科学や技術の世界では毎日のように画期的な発見がなされ、そのおかげで以前よりも優れた製品やサービスを安く、そして大量に生産・販売することができるようになった。

アメリカ国内も、まだまだ需要は鈍っていない。働ける国民の全員が安定したフルタイム職に就き、全世帯が十分に食べ、きれいな服を身につけ、快適な家で不安のない生活が送れるようになるまで、アメリカのビジネス界は義務を果たしたことにならない。働くのをやめてもいいなどと言う権利は誰にもないのである。私が予想するに、本書を読む若者の多くはアメリカ市場だけを相手にビジネスを行い、国内の需要を満たすことで富を手に入れることになるだろう。その一方で私は、アメリカ経済にとって最も有益な市場は国の外、つまり国際貿易にあると考えている。

世界中の新聞が、アメリカにおける失業率の増加と不景気について、そしてアメリカにとって不利な対外貿易バランスにより引き起こされている〝ドルの流出〟について盛んに論じている。状況を改善するための対策案も数多く提案されている。そのなかには、〝緊急措置〟としてさまざまな資材や製品の輸入を制限あるいは停止することを求める声もある。

例えば、ある視察旅行中のアメリカ人経営者が私に対して「アメリカは外国からの輸入を可能なかぎり削減しなければならない。それが、アメリカのビジネスが生き残る唯一の方法だ」と主張した。まだ最近のことだ。

私は、そのような政策は経済的な自殺に等しいと反論した。彼は内心驚いただろう。私の考えでは、むしろ対外貿易こそが、アメリカ経済が抱える問題を長期的に解消する方法なのだ。長い目で見れば、アメリカ経済は大規模な、そして長期的な国際貿易計画に着手し、外国市場の開発と発展に乗り出さざるを得なくなるだろう。現代に鎖国主義がはびこる余地はないのである。

世界は小さくなった。国内だけでアメリカ経済を支えることはできない。外国との貿易を開拓しなければビジネスは成り立たなくなる。そして、外国にものを売るには、彼らのものを買わなければならない。まったくもって単純な話だ。古い先入観を捨て、今の時代のニーズに波長を合わせることができる若い経営者は多大な報酬を得ることになる。そう私は固く信じている。そのような人物はミリオネアになれるだろう。

うわさや報道に反して、外国のほとんどは私たちに製品を売ってもらいたいと望んでいる。彼らは私たちの作るものを買いたがっているのだ。

私は世界中を飛び回り、五つの大陸でビジネスを行っている。それなのに、「メイド・イン・USA」と刻まれた製品に対する需要が減っていることを示す兆候はまったくと言っていいほど見たことがない。どの国もアメリカ人の生き方を豊かな生活のシンボルとみなしている。外国人のほとんどにとっては、アメリカの生活様式をコピーする、あるいはまねることが目標なのだ。そして、国民にアメリカ人のような生活の実現を約束することが、外国政府や政治家にとって最高に効果的な政策なのである。ロシア政府ですらソビエトの生産力と生活水準をアメリカと同等あるいはそれ以上に引き上げると約束している事実が、何よりの証拠だ。近年、アメリカの政治威信が損なわれる出来事があったかもしれないが、アメリカの〝製品威信〟――ほかにいい表現が見つからない――が大きく傷ついたことは一度もない。

先入観にとらわれずしっかり目を開けて外国を旅してみれば、今述べたことが事実だと誰にでも分かる。共産圏の鉄のカーテンの外側の世界では、多くの人がアメリカ産のコーラを喜んで飲みながら、いつかシェーファーの万年筆を手に入れたいと願っている。さらに外国では、アメリカ産の自動車が今もステータスシンボルとみなされている。冷蔵庫も、洗濯機も、テレビも、ほかの多くの製品もそうだ。アロー・ブランドのシャツ、コルゲートの歯磨き粉、ジレットのカミソリ。いずれも外国で大人気のアメリカ産ブランドだ。共産主義国では、ボールペンや、リップスティックや、ナイロンストッキングのようなごく一般的なアメリカ産製品が、闇市場で標準価格の一〇倍以上の価格で売られている。少しでも外国で暮らしたことのあるアメリカ人なら、アメリカからそうした製品を送ってくれという頼みを何度も聞いたことがあるはずだ。

これらの例が示すように、需要があることに疑いの余地はない。つまり、外国市場はアメリカのビジネスマンを歓迎しているのである。そしてこの傾向は、外国の多くで人々の豊かさと購買力が過去一〇年で何倍にも高まったことに伴い、かつてないほどに強まっている。

「だが、外国の製造業者との競争に勝つことはできないだろう。彼らのほうが我々よりも安く売ることができるのだから」。最近、あるアメリカ人製造業者が私にそう言った。

しかし、外国の業者が〝いつも〟アメリカよりも安く売れるとは限らない。ここでは二つだけ例を挙げよう。ヨーロッパの大部分において、賃金の高いアメリカ人鉱夫が掘り起こしたアメリカ産石炭は、より少ない賃金で働くイギリス人炭鉱作業員が採取する石炭よりも低価格で売られている。また、アメリカ産の五ドルのシャツと同じ程度の品質のイタリア産シャツは、本国のイタリアでは八ドル以上で売られている。

国外市場における競争を考える際に見落とされがちなのは、外国では高品質なものを大量に生産する技術がアメリカほど発達していない、という点だ。加えて、外国の商売人たちは薄利多売の考えをまだ理解していない。大雑把に言うと、彼らはいまだに販売あたりの利益を大きくする代わりに、比較的小さな販売数で満足するという昔ながらの原則を守り続けているのだ。

確かに、輸入関税を課してアメリカ産の製品の価格を自国の製品よりも高くしようとする国は多い。私が思うに、商魂たくましいアメリカ人経営者が、自分の、そして国民のためになすべきことは、アメリカ製品に対する輸入関税を引き下げる、あるいは撤廃するようあらゆる手段を使って外国政府に圧力をかけろとアメリカ政府に要求することだろう。自国で関税の壁を立てるのではなく、他国の関税をなくすことが、景気後退や失業問題に対する予防策になるはずだ。

同時に、これまでの高い品質を維持しながら、より低価格でより多くの製品を作る手段と技術を開発することが、アメリカ人には求められている。また、国内と同じぐらい発想豊かに、そして積極的に、他国でも製品を売る心構えを持っていなければならない。

「でも、材料費から設備代まで何もかもが値上がりしている時代に、どうやって生産コストを下げればいいのか?」という質問を、私は数え切れないほど耳にしてきた。この点に関して私は、自らのビジネスを深く理解してどこに無駄や効率の悪さが潜んでいるかを知れば、生産を増やすと同時にコストを下げることは可能だと考えている。品質を落とすことなく経済性を高める手段は必ず存在する。

そう考える第一の理由として、製造業界で古くから知られている一つの法則を指摘しておこう。生産量を二倍に増やせば、生産コストは自動的に二〇パーセント低下するのである。この点に関して、詳しく説明する必要はないだろう。次に目を付けるべきは管理費用――これは大幅な経費削減策が行われても、ほとんどいつも生き残ってしまう経費だ。しかし、部長補佐の秘書にさらなる秘書が本当に必要なケースなどほとんどない。何十年にもわたり、私は自分のビジネスを自分の力で切り盛りしてきたが、二人以上の秘書を必要に感じたことは一度もなかった。実際のところ、ほとんどの場合、口頭で話した言葉をタイプしてそのコピーを配るよりも、単純に電話をするほうが伝わるのが早くて効率的で、しかも安上がりなのだ。また、ほとんどの会社では販売数をまったく減らすことなしに、〝娯楽〟予算を五〇パーセント以上削減することが可能だと考えて間違いない。私とて酒の一杯や二杯は口にすることがある。しかし経験上言えることは、マティーニが六杯も振る舞われる三時間の会食よりも、一杯のコーヒーで一五分話し合うほうが、ビジネスがはかどるということだ。

セールスマンや会社幹部は豪華な空の旅をしなければならない、という法令はない。観光客と同じ席でも、豪華な席のときと同じ場所に、同じ時間で、同じぐらい快適に、そしてはるかに安く到着するのである。上記以外にも、賢明な若い経営者なら経費を削減できる分野をたくさん見つけられるはずだ。ホームオフィスでも、工場でも、そのほかの場所でも、改善と節約の余地は必ずある。

手当たり次第に倹約しろ、と言いたいのではない。厳しい競争に直面したときに無駄や不要な支出を許してはならないと言っているのだ。市場獲得を巡る総力戦ではコストを可能なかぎり減らす必要があるという原則を、好調時の企業や個人は忘れてしまう傾向がある。

今、一〇〇万ドルを手に入れようとキャリアをスタートさせる若者は、たくさんの分野のなかから自分のビジネスを選ぶことができる。もちろん、どの分野を選ぶかは、その人物の才能、関心、背景、教育、経験に大きく左右される。製造に明るい者は、あらゆる製品において新製品や改良品の需要が高まっていることに気づいているに違いない。商売に長けた者は、卸売業や小売業に大きな商機を見いだすだろう。そのほかの者は、業者や一般消費者に対して新しい、あるいはよりよいサービスを提供することで富を築けるかもしれない。要するに、よりよく、より早く、より経済的に何かを実行したり生み出したりする方法を思いついた者が、未来と富を手に入れるのである。誤解しないでいただきたいが、事業を立ち上げて一〇〇万ドルを手に入れるのは容易ではない。本当に難しいことだ。ボスには八時間勤務も、週休二日制もないのである。

元大統領のハリー・S・トルーマンもこう語っている。「私は偉大な男性や著名な女性の人生を調査した。そして、持てるかぎりのエネルギーと情熱と努力を投じて自らの仕事に打ち込んだ者がトップに立てるのだということを学んだ」

ビジネスの世界に絶対に成功する方法など存在しない。しかし、それに従いさえすれば、成功する可能性が著しく高まる法則のようなものは存在すると私は信じている。それらは私自身が、そして私の知るミリオネアの誰もがキャリアを通じて守ってきた鉄則だ。彼らにも私にも有効だったことが証明されている。あなたにも役立つに違いない。

一．ほぼ例外なく、ビジネスで大金を稼ぐ唯一の方法は、独自の事業を始めることである。自分で事業を興すときは、すでに自分に知識があり理解が深い分野を選ぶべきだ。もちろん、最初からすべてのノウハウを知ることはできないが、それでもビジネスを行うのに必要な知識がしっかりと集まるまで、スタートは切らないほうがいい。

二．より多くの人により安価に届けるために、より優れた製品あるいはサービスをより多く提供する。この中心課題を経営者は忘れてはならない。

三．ビジネスで成功するには節約意識も大切だ。仕事だけでなくプライベートでも、できるだけ経済的に行動する習慣を身につけよう。「まず金を稼いで、そのあと使い道を考える」――これが成功を望む者が最も肝に銘じておくべきモットーだ。

四．拡大する確かなチャンスを無視したり見逃したりしてはならない。同時に、十分な理由や計画もないまま過剰に拡大したり盲目的に拡大構想を推し進めたりする誘惑には用心する必要がある。新旧関係なくすべてのビジネスにとって、力ずくの成長は命取りである。

五．経営者の仕事は事業を運営することだ。従業員も自分と同じように考えたり行動したりできると期待しないこと。それができるなら、彼らは従業員に収まる器ではない。権限や責任を部下に託すとき、〝ボス〟は彼らをしっかりと、そして絶え間なく監督する。

六．常に製品やサービスを改善する方法を模索し、生産と販売を増やす努力を怠らないこと。景気のいい時期を利用して、技術を改善して費用を抑える方法を探す。商売がうまくいっている時期に経済のことをあまり考えないのは、人間の性質であると言える。しかしそういった時期こそ、事業について落ち着いて客観的に考えを巡らせ、品質や効率を犠牲にすることなしに本質的な節約を実現する余裕ができる時期でもある。経営者の多くは景気が傾きパニックに陥ってから、そうしたことに意識を向け、誤った場所で経費を節約してしまうのだ。

七．経営者はリスクを恐れてはならない。自分の財産と信用を失うことがあるかもしれない。時には借金をする必要もあるだろう。それでも、そうする価値があると思うなら、リスクを冒す覚悟が必要である。ただし、借金はすぐに返済すること。信用格付けの悪化ほど、キャリアの終わりを早めるものはない。

八．絶えず新しい地平線を、つまり未開市場や未発達市場を探し続けよう。すでに述べたように、世界の大半はアメリカの製品とノウハウを切望しているのだから、賢い経営者は外国市場に目を向けるべきだ。

九．仕事や製品の評判ほど、信頼や販売数に直接つながるものはない。保証は常に尊重し、迷ったときには必ず顧客に有利になるように判断すべきだ。寛大なサービスポリシーを維持しよう。完全に信頼できると評価された会社には注文が殺到し続けることだろう。

一〇．たとえ数百万ドルの財を築いたとしても、経営に携わる者は社会全体の生活条件を改善するために自分の富を活用する方法を追い求めること。仕事仲間、従業員、株主、そして一般大衆に対する責任を負っていることを忘れてはならない。

あなたは一〇〇万ドルを稼ぎたいだろうか？　信じてほしい。もし身の回りに無限の機会が横たわっていることを理解し、ここで紹介した法則を応用したうえで努力を惜しまないなら、誰もがミリオネアになれる。賢明で志の高い有能な若者にとっては、現代は輝かしい黄金の時代なのである。

ミリオネアのメンタリティー

ミリオネアになるためには、運、知識、そしてとりわけ努力が必要になる。しかし、何にも増して大切なのは、私が〝ミリオネアのメンタリティー〟と呼んでいるものだ。ビジネスのタスクをこなしながらゴールを目指すために、個人の能力と知性を一つにまとめる、覚醒した精神状態のことである。

かつて私は、カリフォルニア州ロサンゼルス郊外の石油施設のいくつかを監督させるために、ある人物を雇い入れた。ここでは仮に、ジョージ・ミラーと呼ぶことにしよう。ミラーは誠実で勤勉な人物で、加えてオイルビジネスにも精通していた。彼の担う責任に見合うだけの給与も支払った。彼は仕事にも報酬にも満足していたと思う。しかし、掘削現場やリグや生産油井を視察するたびに、私は何かがおかしい、どこか効率が悪いと感じていた。

従業員の数があまりにも多く、コストの管理も行き届いていなかったのだ。特定の種類の仕事は遅々として進まないのに、ほかの仕事はまともな管理ができないほどにあっという間に終わっていたりする。装備も在庫が多すぎたり少なすぎたりまちまちだった。

　ではジョージ・ミラーはどうかというと、彼は掘削現場やリグよりも、ロサンゼルスのオフィスで管理業務をこなしている時間のほうが圧倒的に多いと私には感じられた。そのため、彼は自分の責任下にある業務を十分に監督できていなかった。

　これらすべての要素が合わさることで、コストがかさみ、生産が遅れ、利益が減っていたのである。しかし、ミラーは優秀な現場監督が持つべき資格をすべて有していたこともあり、私は彼のことが気に入っていた。数週間後、私は彼と面と向かって話をしてみることにした。私は、彼の仕事には大いに改善の余地があると、包み隠さず話した。

「おかしなことに、一時間ほど現場にいるだけで、私には生産を増やして利益を高めるために改善や節約できる点がいくつか見つかった。正直なところ、君がそれらに気づかないのが不思議だ」と私は説明した。

「それは、あそこが〝あなたの〟所有物だからですよ。あそこでの活動のすべてに、あなたは個人的に強い関心がある。だからあなたの目は、節約してより多くの利益を得る方法に鋭くなっているのでしょう」とジョージは応じた。

　正直に言うと、私はそれまで物事をそのように考えたことは一度もなかった。私は数日間、彼の言葉について思いを巡らせたのち、ある実験をやってみることに決め、もう一度ミラーと話してみた。

「ジョージ、これからは、私が君に土地を貸し出しているのだと考えてくれ。だから給料ではなく、利益の数パーセントを君に支払うことにする。作業の効率が上がれば利益も大きくなり――君が手にする額も増えるということだ」

少し考えたのち、ミラーは私の申し出を前向きに受け入れた。

効果はてきめんで、奇跡と呼びたくなるほどのものだった。現場での仕事が自分の〝直接の関心事〟であると考えた途端、ミラーは本領を発揮した。彼は「給料をもらう従業員」から、「コストの削減や生産量と利益の増加のことを真剣に考える現場監督」に変身した。利益が自分の収入に直結するからだ。掘削現場や生産油井での仕事をまったく違う目で見るようになり、その結果、それまで見落としていた問題点が見えるようになったのである。ミラーは不要な人員を削減し、経費を極限にまで抑え、本来の才能を発揮してよりよい働き方を導入した。以前は週に二日か三日は過ごしていたロサンゼルスのオフィスに行くことも、月に一回か二回に減った。そのわずかな時間でさえ、掘削現場に戻りたくてうずうずした。

ジョージ・ミラーのやり方が変わってから六〇日後に、私はもう一度、現場の仕事ぶりをくまなく調べてみたのだが、問題は何一つとして見つからなかった。私ならもっとうまくやれると思える点はほとんどなかった。当然ながら、私もミラーも彼が固定給で働いていたころよりも多くの収入を得るようになった。この出来事を通じて私はたくさんのことを学んだ。そのうちの一つは、ほとんどの人間は四つのカテゴリーの一つに分類できるということだ。

一つ目のカテゴリーは、自分でビジネスを興し、取り仕切ることで最高の力を発揮する人々。そうした人物は誰かに雇われて働くことを好まず、完全に独立していたいと望む。固定給がもらえるという安全に見向きもしない。彼らは自分で安全を作り、自らの働きで未来を築こうとする。要するに、彼らは自分でボスになり、その責任とリスクを負うことをためらわない。

二つ目のカテゴリーは何らかの理由から自分で事業を立ち上げようとはしないが、ほかの者に雇われ、業績に応じた報酬を得ることで本領を発揮する人々。このカテゴリーには、働きに応じて収入が際限なく上がることもあれば底を突くこともある、つまり歩合制で働くことを好むバリバリのセールスマンから、ビジネス界における最上級管理職まで、さまざまなタイプの人物が含まれる。

ジョージ・ミラーはこのカテゴリーに属する人物だ。このカテゴリーのトップクラスの代表例は〝エンジン・チャーリー〟こと故チャールズ・E・ウィルソンだろう。私はチャールズ・E・ウィルソンなら独自のビジネスを立ち上げていたとしても、大成功を収めただろうと確信している。しかし彼は誰かのために働くことを好んだ。だからまずはウェスティングハウス・エレクトリックのために、そしてのちにゼネラルモーターズのために働いたのである。時給一八セントの労働者から、年収六〇万ドルのゼネラルモーターズ社長の座にまで登り詰めたウィルソンは、アメリカンビジネスの伝説的存在だ。チャールズ・E・ウィルソンは〝被雇用者〟であり続けた。しかし、自分が働く会社の株を通じて巨万の富を得た。これも、自分の働きで利益を上げ、その分け前を得たのと同じことである。

三つ目のカテゴリーは定額給与をもらって働くことを望む人々で構成される。リスクを嫌い、ほかの誰かに雇われて安定した給与を受け取るという安心を求める人々だ。彼らは良心的で信頼できる優れた人材である。雇用主に忠誠で、定期給与プラス一定の報奨金で満足するが、時には昇給を希望する。最初の二つのカテゴリーに属する人々とは違い、彼らは自分の主導で何かをすることや独立して活動する能力を、そしておそらく、そうするだけの自信とやる気を持っていない。

そして最後のカテゴリーには、郵便局員が郵政省に示すのと同じような態度で雇用主に接する労働者たちが含まれる。郵便局員を軽視したり侮辱したりするつもりはない。彼らもしっかり仕事をしてくれている。しかし、彼らには雇用主の利益を上げようとする意欲が欠如している。昔から郵政は赤字を出すものと相場が決まっているうえに、その赤字は政府が補填してきた。郵政が黒字か赤字かを気にしながら働いている郵便局員は一〇人に一人もいないだろう。郵便局で働くということは、おそらくそういうものなのだ。しかし当然のことながら、そのような態度は自由企業体制下におけるビジネスには命取りになる。

ところが、企業の管理職に就いていながら平均的な郵便局員と同じような見方をする者が実に多い。彼らは定期的に給料が支払われているかぎり、自分を雇った会社が利益を上げているか、損失を出しているか、まったく気にしないのだ。

信じられないことに、貸借対照表（バランスシート）を読めない者や〝利益〟とは何たるかを正しく説明できない人物に何度も出会ったことがある。そのなかには、トップクラスのビジネススクールを卒業した者もいる。たとえどんな肩書きを持っていようとも、彼らは郵便局員に等しい。雇用主や株主に対する責任をほとんど、あるいはまったく感じず、自分の幸せだけを考えるのである。

一見したところ、そうした人物のなかにも管理職に就くにふさわしい資格を持つ者もいる。彼らは知的で、経験も豊かだ。しかし、たとえ知能指数が一八〇だとしても、それだけで優れたビジネスマンや管理者になれるわけではない。ロジャー・フォークが著書『ザ・ビジネス・オブ・マネジメント（The Business of Management）』のなかで正確に指摘したように、一〇年の経験を有するとされる者の多くは、一年分の経験を一〇回繰り返しただけなのである。

こうした郵便局員タイプの人々の多くは何年も、時には何十年もかけて出世しようと試みるが、結局出世できない。できない理由も分からない。どうして高い役職が得られないのだろう、〝金持ち〟になれないのだろう、と不思議がるのである。

では、出世できない理由は何だろう？　それは彼らの考え方だ。

それがいいか悪いかは別として、成功者の考え方、つまり〝ミリオネアのメンタリティー〟と呼べるものが存在するのである。それがあれば、自分で事業を興すか、企業で管理職として働くかに関わりなく、成功への長い道のりを歩んでいくことができる。簡潔に言うなら、ミリオネアのメンタリティーとはコストと利益を常に最重視する姿勢のこと。紹介した四つのカテゴリーの最初の二つに属する人々には、このメンタリティーが備わっていると考えられる。しかし、三つ目のカテゴリーに属する人物がミリオネアのメンタリティーを有していることはまれだと言える。したがって彼らのほとんどは、出世できたとしても中間管理職止まりだろう。四つ目のカテゴリーの人々にはミリオネアのメンタリティーが完全に欠けている。しかしながら不幸なことに、そのような人物にかぎって、自分の価値を買いかぶり、ろくな努力もせずに、たくさんのものを得ようとするのである。彼らは自分が勤める会社を、忠誠を尽くしてともに築き上げていく対象とは考えず、自分に褒美を与えてくれる宝物庫とみなす。

以前私は、彼らは私のように有利な境遇に生まれなかったため、そのような考え方に陥ってしまったのだ、と解釈しようと試みていた。彼らは私ほど高い教育を受けてこなかったし、私ほど世界を旅してきたわけでもない。それに私ほどビジネスの経験が豊富なわけでもないのだから、と。ところが、時が経つにつれ、彼らのようなビジネス不適合者も自分の利害に直接影響が出るケースでは、まるでトップクラスの資本家のように鋭い考えを巡らせる事実を、私は発見した。

ここで、私が経営を引き継いだある会社の話を紹介したい。その会社は大きな可能性を秘めていたが、実際の収益は乏しかった。問題の原因はすぐに見つかった。会社の主要幹部の三人が典型的な郵便局員タイプで、コストや利益にまったく意識を向けていなかったのである。

彼らには四桁の数字の給与が毎月支払われていた。あるとき、給料日の数日前に、私は経理部に彼らの給与をそれぞれ五ドルずつ〝減らす〟よう命じ、もし彼らが文句を言ってきたら直接私のところへ来させるよう指示を出した。

予想したとおり、例の幹部たちは三人とも、給料が支払われて一時間も経たないうちに私のところへやってきた。私は彼ら一人ひとりにちょっとした話をして聞かせた。彼らにとっては耳の痛い話だっただろう。

「会社の経理状況を確認してみた」と、私は苦々しい表情で言った。「すると、不要な支出と思われる項目が去年の記録にいくつか見つかった。会社の株主にとって数万ドルの損失を意味するほどの大きな額だ。君がこの問題にほとんど、あるいはまったく関心を持っていなかったのは明らかだ。君が支出を減らそうとしたり、支出が今の高さになった原因を探ろうとしたりした形跡が見つからないのだから。ところが、自分の給料が五ドル少ないことにはあっという間に気づいて、すぐにこうやって文句を言いに来る」。三人のうち二人は私の言わんとしていることを即座に理解し、すぐに働き方を改善した。三人目は理解も改善もする気がなく、まもなく会社を去って行った。

改めて言うまでもないことだが、利益を上げなければ、どんなビジネスも長続きできない。したがって、自分が立ち上げた会社あるいは自分が勤める会社が黒字になるように、経営者や経営幹部は常にコストを減らし、効率、生産性、品質、販売数を高める手段に敏感でなければならない。これこそが、ビジネスの基本中の基本である。それなのに、悲しいかな、このことをあまり、いやそれどころか、まったく理解していない者が実に多い。

典型的な例を紹介しよう。先日、とある会社の若い取締役が愚痴をこぼした。彼の部署の予算が二万ドル削減されたそうなのだ。

私は尋ねた。「その削減で君の部署の生産性が落ちたり、業務に支障が出たりするのか？」

若い取締役は少し考えてから、「いいえ、そうは思いません」と答える。

「では、何が不満なのだ？」

「予算を使う理由が探せば見つかると思います！　大きく物事を考えて、金を作るために金を使うべきですよ！」。それが、彼の答えだった。

この若者が私の会社の従業員でなくて本当によかったと思う。その場で彼を解雇しなければならなかったとしたら、私には嫌な思い出が残ったことだろう。

この「大きく物事を考えて、金を作るために金を使うべきだ」という考え方に、私はキャリアをスタートさせてから何度も遭遇してきた。この考え方ほど広く浸透した誤解を、私はほかに知らない。ビジネスの世界で成功を遂げて豊かになりたいと願う者は想像力と長期的な展望を持たなければならない、という点には私も同意する。そのために出費にもリスクを負うことにも前向きでなければならない。しかしその出費には正当な理由がなければならないし、リスクは冒す価値に見合った見返りがあるか慎重に検討しなければならない。

私の意見では、ミリオネアのメンタリティーを持つ者にとっては、大きく考えることよりも〝小さく考える〟ことのほうがよほど重要だ。細部にまでしっかりと気を配り、自分のビジネスあるいは自分の雇用主の事業においてコストを削減できる機会を決して逃してはならない。この考え方を、私は大学を卒業したばかりの下級管理職候補者の前で披露したことがある。最近のことだ。

「成功するにはケチでなければならないという意味ですか？」とその若者は質問してきた。

一方ではケチに思えることが、もう一方では大きな経済とつながっているのだと、私は答えた。そして例として、最近、オフィスのくずかごの中身を調査したアメリカのある大企業の話をした。

一週間にわたって毎晩、作業班がくずかごの中身を調べ、従業員が捨てたもののなかから、まだ使える会社の備品を選別したのである。クリップ、輪ゴム、消しゴム、鉛筆などが一週間でどれだけ捨てられていたかを把握し、それに五二をかける。そうして、一年間で三万ドル相当が無駄に、文字通り投げ捨てられていたことが分かったのだ。

ある運送会社では、目ざとい幹部が、ドライバーたちが燃料を補給するときにタンクをあふれさせたり、給油ノズルの先に残ったガソリンを地面にこぼれさせたりしていることに気づき、それを禁止することで年間一万五〇〇〇ドル分のガソリン代を節約することに成功した。

私の会社の一つでは、聡明な下級管理者が夜遅くまで働いて、生産活動の改善方法を考案した。その方法では単位ごとに〇・五セントの節約にしかならないが、一年に換算すると二万五〇〇〇ドルを超える。彼の給料の二倍以上だ。去年、その下級管理者は自分が受け持つ部署における経費の二〇パーセントの削減と生産量の一二パーセントの増加を達成した。この若者は間違いなくミリオネアのメンタリティーを持っていると言えるだろう。当然ながら、彼はもはや〝下級〟管理職ではない。今後、彼は記録的な速さでトップの座に登り詰め、ミリオネアになるだろう。

現代の社会では、ほぼすべての企業が上昇を続ける費用の問題に取り組まなくてはならない。過去のどの時代よりも、費用の削減と生産の増加が重要になっている。現代のビジネス界では、最下級の管理職員ですら郵便局員のメンタリティーを持つ余裕はないのである。今求められているのは、そして今後ますます必要とされるのは、ミリオネアのメンタリティーを持つ、あるいはこれから身につけていく素質のあるビジネスマンだ。増え続けるコストと減り続ける利益を前に、会社の多くは郵便局員タイプの従業員を追い出し、ミリオネアのメンタリティーを持つ者により多くの理解や機会を与えるように変わり始めている。

どこの会社でもそうだと思うが、私の会社でも長年にわたって利益を生み出さない人材がたまってしまった。そこで私の会社では〝早期退職〟の制度を導入した。その結果、数百人の役員や従業員が正規の定年年齢に達する前に強制的に退職することになった。会社に対する価値をもとに退職者を選ぶ。要するに、生産性があるか、コストを意識しているか、利益を追求しているか、といった点を基準にする。

確かに、彼らを早期退職させ、本来必要になるより何年も前に年金を支払うことは、大きな出費を伴う。しかし、私たちの調べで、その費用は彼らを会社に置き続けた場合よりもはるかに少ないことが分かった。彼らが会社に残り続ければ、給料を持って帰るだけでなく、利益を上げることもないまま会社に害をなすのだから。

ミリオネアのメンタリティーはケチややみくもな倹約と同義ではない。ミリオネアのメンタリティーを持つ人物が会社の経営に携われば、支出を吟味し、減らそうと努めるだろう。あらゆる手段を用いて生産と販売を増やし、利益を高めようとする。なぜなら、会社と株主と従業員のことを第一に考えるからだ。会社が健全で利益が多ければ多いほど、株主と従業員もより多くの恩恵にあずかることを、そのような人物は承知している。

会社の経営に携わる者には、株主の資金と従業員の労働力が託される。これは例え話などではなく、本当の話だ。この信頼に応えるためには、会社がまっとうな利益を上げるよう、いかなる努力も惜しんではならない。事業を続けるための利益だけではなく、拡大するに十分な利益を目指すのだ。このことを理解し、それにふさわしい行動を取る経営幹部は、ミリオネアのメンタリティーの基礎となる考え方を身につけていると言えるだろう。

第二章

ビジネスで成功する方法

経営者の資質とは

経営の理論と実践の理解度調査の一環として、ある大学で数百人の新入生を相手にアンケートが行われた。そのなかに次の質問があった。

「あなたは大企業を所有しています。会社の経営幹部にどのような資質、特性、資格を求めますか？」

典型的な回答はこうだ。

「重役にはいい服を着て、性格もよくあってもらいたい」

「重要な顧客を喜ばせる方法を知っていなければならない」

「製品を高く売り、賃金を引き下げる能力を持つ者だけを雇い入れる」

「人々により勤勉に、より迅速に仕事をさせる力を持つ人を求める」

一見したところ幼稚な答えと思えるかもしれないが、新入生には実際のビジネスの世界がどういったものなのか知るよしもないのだから、彼らの無知を責めることはできない。問題は、彼らよりもはるかに年上で、知識が豊富なはずの人物の多くも同じように無知だという事実である。長年経営に直接携わっている者の多くですら、経営幹部選択の原則を誤解している。経営幹部が持つべき資質や資格に関して、経験豊かだとみなされている実業家が学生たちと同じような考え方に陥っているケースに、私自身、何度も遭遇している。

例として、最近あるカクテルパーティーで出会った尊大な管理職を紹介しよう。彼は新しい職を探していたようで、それまで働いていた有名企業で二度も昇進のチャンスを逃したと嘆いていた。

「社内政治の犠牲になった。ほかに説明のしようがない。管理職がすべき仕事を、私は正確にこなしてきたんだ！」と彼は言った。おそらく本心からそう信じていたのだろう。

「で、どんな仕事を？」。私は問い質した。深められるかもしれないと思ったからだ。

男は独善的な態度で続けた。「部署のメンバーには厳しく接しました。私や会社を欺くような行為は決して許しません。そんなことをする奴がいれば、その場でクビにしてやる！　それに、私は与えられた命令に対して疑問を口にすることもなかったし、結果を顧みず、命じられたとおりに実行したのに」

その言葉を聞いたとき、私は長年会っていなかった親戚が部屋に入ってきたふりをして、男のそばから離れた。聞きたいことはすべて聞いた。それ以上は我慢ならなかった。

私にはこの自称管理職が昇進できなかった理由がよく分かる。逆に、この男がもっと早く解雇されなかったわけが知りたいぐらいだ。私の会社なら、彼は五分ももたなかっただろう。現代の企業で責任を託される管理職が持ちうる最悪の資質を、彼は二つも兼ね備えていたのだ。彼は、部下にはまるで奴隷を使うかのような態度で接した。一方、上司に対しては――少なくとも上司の前では――想像できないほど、常識外れだと思えるほど、こびへつらう。

つまりはこういうことだ。ビジネスのマネジメントとは、会社の方針を実行して目標を達成するために、人々の活動を指揮することを意味している。全般的なマネジメントか、あるいは人事、購買、生産、販売などの部門管理かに関わりなく、すべてのマネジメントにおける中心には〝人間活動の指揮〟が横たわっている。

私がカクテルパーティーで出会った不満だらけの管理職と同じ心構えを持つ者に、人の活動を〝導く〟ことなどできない。できることと言えば、不幸にも彼の下で働くことになった人たちを追い立てるか罵倒することぐらいだ。これが従業員を喜ばせる方法でも、生産性を高める方法でもないことはないことは言うまでもないだろう。

しかし、まずいマネジメントの例はこれで終わりではない。与えられた命令に対して疑問を口にせずに「結果を顧みず、命じられたとおりに実行した」と臆面もなく公言する態度こそが、彼の問題点なのである。この言葉は、彼が管理職として上司や会社に対してどのような責任を担っているのかまったく理解していないことの証拠である。

もちろん、会社の運営管理に携わる者は上司の命令を忠実に実行しなければならない。しかし、まるで洗脳されているかのように盲目的に従えばいいということではない。優れた人材は、命令を実行したときの〝結果〟について慎重に考えを巡らせる。

役職がどれだけ高くても、人間というものは間違うことがある。取締役会長も人間であるかぎり、時には過ちを犯すのだ。上司から受け取った命令に誤りや欠点や弱点があることに気づいておきながら、それを報告しない下級管理職員は誠実でも忠誠でもない。責任ある行動から逃げているだけである。

年期を重ねたトップレベルの経営幹部は、自らのミスが会社に損害を与えてしまうぐらいなら、大事に至る前に部下に誤りを指摘されたほうがいいと考える。

数年前、私はアメリカで所有する会社の一つの経営に関して、重要な決断を下す必要に迫られていた。そのとき私はヨーロッパにいたので、決断に必要と思われる手紙、メモ、報告書のすべてを会社の幹部から郵送で取り寄せた。しかしながら、本当に重要な最後の統計レポート――それ以前に送られてきていた報告内容を大幅に修正したもの――が郵送の途中で行方不明になってしまったのである。私の手元に届かなかったため、私は知らず知らずのうちに不完全な情報に基づいて計画を練っていた。

正しい結論を見つけたと考えた私は、アメリカの会社へ手紙で指示を伝えた。すると数日後、幹部の一人が急ぎの国際電話をかけてきたではないか。彼は私が何か重要な事実を見落としていることを丁寧に、だがしっかりと指摘したうえで、私が与えた指示を実行すれば、会社は大きな損失を被ることになると主張した。

数分間にわたり意見を戦わせたのち、私たち二人は、私が古い情報に基づいていくつかの大切な計算をしていた事実を突き止めた。その後すぐに不足していた報告書のコピーをエアメールで送らせ、私は計算と決断を見直し、新たな指示を与えたのだった。

それが功を奏して、のちに成功と利益につながった。幹部たちのおかげである。もし彼らが命令には決して疑問を抱かずに「結果を顧みず、命じられたとおりに実行する」タイプの人間だったら、と考えるだけでもぞっとする。

当然ながら、私もほかの事業主や経営幹部と同じように、管理職の選択を重視しているが、その際、管理職候補の会社に対する貢献度を推し量るときに重宝する普遍的な基準というものがあると考えている。

私の考える基準が絶対に正しいと言うつもりはないが、それらはほかの成功者の多くが用いている基準とほぼ同じであり、これまで長年の使用に耐えてきたものだ。私がこれまで成功できたのも、幹部たちの忠誠と能力のおかげである。したがって、私が彼らを選ぶ際に用いてきた基準は信頼できるものとみなしても差し支えないだろう。

では、私はこれまでどうやって、ある人物が管理職あるいは経営幹部に向いているかどうかを見定めてきたのだろうか？　最初の適性試験は、その人物に自分で考えて行動する力があるかを問うことだ。上司のアドバイスに頼ってばかりではなく、自分で考え、計画を練り、それを実行し、問題を解消し、状況に適応する知性と能力を持っているかどうか。それができない者は経営に向いていない。雑用係が関の山である。

私は、完璧な経営陣とはどういったものを指すのかと、ある超一流実業家に尋ねたことがある。彼は思いを巡らせたあげく、次のように答えた。

「一月一日の朝九時に呼び出して、『いいか諸君、我が社はこれまでずっとソーセージの皮を作ってきた。去年は一〇〇万ドルの売上があった。だが今年はソーセージの皮を作るのをやめて、ボルトとナットを製造することにする』と言ったとする。それを聞いた彼らはにこりと笑いながらうなずき、オフィスを去って行く。再び会うのは一二月三一日の午後五時。彼らは私のオフィスに戻ってきて、こう報告する。我が社は世界一の品質のボルトとナットを作り、ライバル企業の倍の売上を上げている。収益は去年に比べて三倍になった！　これが私の思い浮かべる最高の経営陣だ」

もちろん、この実業家が思い描く夢物語は……夢物語に過ぎない。しかし、私の考えを実によく言い表している。優れた管理者とは、自分で考え、行動し、任務を遂行するのに最小限の指示しか必要としない人物なのである。

さて、管理者の主な任務は部下たちの活動、つまり仕事を指揮することにある。指揮とは要するにリーダーシップのことだ。したがって、優れた管理者はリーダーとして働き、考え、行動しなければならない。

ところが残念なことに、生まれつきのリーダーと呼べる人物は実に少ない。各世代に一人ずつ、といったところだ。しかし、知性が豊かで意欲的な人物は、キャリアで遭遇するであろうほとんどの状況を乗り越えるのに必要なリーダーシップの資質を養うことができる。

企業の管理者になるためのリーダーシップは、大学で学ぶこともできるし、仕事を通じて身につけることもできる。会社が開くマネジメント訓練講座で習得する者もいるだろう。もちろん、どうやっても身につかない者もいる。しかし、それは少数派であり、そのような人物が出世の階段を高く上ること自体がまれである。

どのような形であれリーダーシップを学習する者は、ビジネスでも戦場でも通用する基本原則を学ぶことになる。その原則に従えば、長い道のりの末、リーダーシップを発揮する役職に就く資格を得られるようになる。なかでも、私が個人的にとても重要だと考える原則を五つ紹介する。

一．人々を指導し、鼓舞する最善の手段は例を示すこと。手本を示して説明する上司が部下たちの能力を最もよく引き出すことができる。

二．優れた管理者は部下の行動に責任を負う。自分の受け持つ部署の業績の悪さを上司に指摘されたとき、監督が不行き届きだった自分の非を認める。

三．部下にできないこと、またはやりたくないことをさせようとしない。

四．リーダーは部下に対して公平に、しかし断固とした態度で接し、彼らの要求を満たすために最善の努力をする。尊敬と理解をもって忍耐強く部下を扱い、彼らを全面的に支援する。だが、甘やかしてはならない。なれなれしさが度を超すと軽蔑心に変わることを忘れてはならない。

五．幹部や管理者の全員が心がけておくべき点が一つある。一見ささいだが、実際には極めて重要なことだ。〝称賛は公に、批判は個別に〟という点である。優れた仕事をした従業員は仲間の前で褒める。すると全員の士気が上がる。ミスを犯した者は個別に注意する。でなければ、彼らは屈辱を感じ、士気が下がる。


私はリーダーシップの教えをずいぶん前に油田というとても厳しい教室で学んだ。試掘オペレーターは私も含め全員が探査および掘削クルー一人ひとりの仕事内容を熟知していると言っても過言ではない。彼らにやってもらう仕事のすべてを、私たちは自分でもすることができる。そしてことあるごとに、何をどのような方法でやってもらいたいのか、指し示すのである。

かつて、ベテランのリグ作業員が私に言ったことがある。「最高のボスは私よりもビジネスのことをよく理解しているのに、私のことを信頼してくれる人――それでも自分がボスだということをはっきりと示す人物だ。そんな人のために私は働きたい……」

おそらく、どの従業員も同じように考えるのではないだろうか。現代の管理者で、実際の現場に出てクルーたちと一緒に汗を流して働いている者は皆無に等しいだろう。それでも上記の原則は長年の経験から正しいことが証明されており、いまだに有効だ。有能な管理者はこれらの原則を知らず知らずのうちに守っている。

私が管理者に求めるもう一つの資質はコミュニケーション能力だ。ビジネスの世界においては〝時は金なり〟である。要求、報告、指示などを誤解すれば、多大な損害が生じかねない。したがって、管理者は人々に迅速で明確な指示を与える必要がある。

興味と熱意も管理者になくてはならない資質だ。興味のない仕事で高い成果を上げることなど、誰にもできないのである。また、自分が担当する部署だけにしか興味が持てないようではだめだ。ほかの部署で行われていることも理解し、会社の方針や活動全般についても精通していなければならない。そうして初めて、自分の部署の役割や業績がほかの部署や会社全体に対してどのような関係にあるのか理解し、それに応じて活動できるようになるのである。

さらに、管理者というものは会社を超えてもっと広い範囲に、つまり自社が属する分野や業種全体にも関心を持つ必要がある。全体像を把握しなければ、自社の強みや弱みあるいは問題点が理解できないからだ。

しかし、興味を持つだけでは足りない。強い熱意も不可欠である。「行け！　頑張れ！　すごいぞ！」というような熱意の話をしているのではない。営業会議を始める前は大声で社歌を歌って気分を盛り上げよう、といった類いの考え方に私は賛同しない。私が言いたいのは、管理者は自分の仕事に愛着を持っていなければならないということ。効率、生産性、販売数、そして利益を増やす方法を、自分の部署から会社全体に至るまで自ら積極的に探そうとする姿勢を熱意と呼ぶのである。

次に管理者が有すべき資質は忠誠心であるが、忠誠心というものは何らかの行動により形になって表れないかぎり見つけることも評価することもできない。管理者の忠誠は特定の個人ではなく、株主、従業員、部下、上司、そして会社全体に向けられていなければならない。

これらが、私が考える企業管理職にとって最も重要な資質である。ここで人格、教育、専門知識などが挙げられていないことに驚いた読者も多いに違いない。しかしよく考えてみれば、それらは私が挙げた資質ほど本質的でも重要でもないことが分かるだろう。

もちろん、まったくもってネガティブな人格を持つ者がほかの人々と協力しながら働く必要がある役職で成功するとは思えない。しかし、管理職とは会社の部署を運営する仕事であり、人気コンテストをする役割ではないのである。

では教育は必要ないのだろうか。その答えは教育という言葉をどの意味で使うかによって変わってくる。高校、いやそれどころか小学校しか卒業していないのに素晴らしい才能を発揮する管理者を、私はたくさん知っている。彼らは自分で自分を教育してきたのである。優れた管理者は知識が豊富なほうがいいことは確かだが、必ずしも専門学校や大学で学ぶ必要はない。優れたリーダーになりたい者にとって、学校教育をしっかりと受けることは有益である。しかし、それが絶対に必要だとは思えない。

専門知識はどうだろう？　生産技術も経営技術も複雑になった現代社会では、管理者は高い専門知識を持っていなければならない。この点には私も同意できる。しかしその種類や量は、仕事の内容や分野による。専門知識に関する私個人の考えを簡潔にまとめるとしたら、こうなるだろう。技術的な専門知識を持たない優れた管理者を有能な技術者に育てるほうが、経営管理について何も知らない優れた技術者を有能な管理者に育てるよりも好ましい。だから初めから高い専門知識を持つ者を管理者に選ぶ必要はない。

門外漢の大半は、管理者には誠実さや勤勉さ、あるいは想像力なども求められるのではないかと考えるだろう。実際そのとおりなのだが、それらはあまりにも当たり前のことなので、ここであえて指摘する必要がないと考えて省いた。不誠実で、怠け者で、想像力が足りない恐れがある人物を幹部に雇い入れようとする事業主は存在しないだろう。

優れた管理者になるための秘密や魔法など存在しない。私が挙げた資質を持ち、ビジネスで成功したいと願いながら働く者は、優れた管理者になることができるだろう。そのような人物は管理職に求められる条件を満たしている。どのような業種のどの会社でもうまくやっていけるはずだ。確実に出世し、成功するに違いない。

習慣の力

かつて私はかなりのヘビースモーカーだった。数年前、休暇でフランスを車で旅行していたときのこと、ある日ひどい雨のなかで四時間の運転を終えた私は、一晩寝泊まりするためにオーベルニュ地方のとあるホテルの前で車を降りた。雨のなかの長旅で疲れていた私は、食事を済ませて部屋に入った。服を脱いでベッドに転がり込むと、すぐに眠りに落ちた。

しかし午前二時に目が覚めた。たばこが吸いたくて仕方がなかったのだ。電気を点けて、サイドテーブルに置いてあったたばこのパッケージに手を伸ばした。ところが箱は空っぽだ。たばこが吸いたくていらいらしながら、ベッドから出て脱ぎっぱなしにしていた衣服のポケットをまさぐる。しかし何も見つからない。一箱ぐらい残っているかもしれないと期待してスーツケースのなかも探してみたが、結果は同じだった。ホテルのバーとレストランはもうとっくに閉まっている。こんな時間に夜勤のフロント係を呼び出すのも気が引けた。たばこを手に入れる唯一の方法は、今から服を着て、六ブロックほど離れたところにある駅に行くことだ。

しかし、その見通しも明るくはなかった。外は強い雨が降っている。私の車はホテルからかなり遠く離れた場所に停められている。そこまでたどり着いたところで、ガレージは朝の六時まで閉まっているという注意書きを読むはめになるのが関の山だろう。こんな時間にタクシーが走っているとも思えない。

要するに、どうしてもたばこが吸いたいのなら、降りしきる雨のなかを歩いて駅まで行って戻ってこなければならないのである。しかし、たばこが吸いたい気持ちはどうやっても収まらない。それに奇妙なことに、たばこを手に入れるのは困難だと考えれば考えるほど、吸いたい気持ちが強くなった。だから私はパジャマを脱いで服を着た。その上にレインコートをまとう。その瞬間、私は急に足を止め、笑い始めた。自分のやっていることの愚かさ、ばかばかしさに気づいたのである。

高い知性を持つとされる人間の一人である私が、他人に指示を与えるだけの分別と責任感を持ち、経営者としてかなりの成功を収めたはずの私が、そこに立っていた。ただたばこが吸いたい、吸わなければならないという理由で、快適なホテルの部屋を飛び出し、真夜中に大雨のなかを何ブロックも走ろうとしていたのである。

生まれて初めて私は、自分がどんなひどい目に遭っても満たしたいと——無意識に、無分別に——思うほど強い習慣を身につけてしまっていたことに気づいたのだった。ときどき煙をくゆらせることを楽しむのではなく、私は自分の手に負えない、それどころか何一つ役に立たないうえに害になるほどの習慣を育てていた。それに気づいた瞬間、私には反骨心のようなものが生まれた。そこですぐに決断した。自分の役に立たない習慣は捨て去ってしまおう、と。今がその理想的な時間と場所だと思った。

覚悟を決めた私は、まだサイドテーブルにあったたばこの空箱を握りつぶしてごみ箱に投げ捨てた。そして再びパジャマに着替え、ベッドに潜り込む。電気を消し、目を閉じて窓を叩く雨音に耳を傾けたとき、安心感と勝利の感覚が私のなかに広がった。その数分後には、私は深い眠りに落ちていた。その夜を最後に、私はたばこをやめた。吸いたいと思ったこともない。

たばこを吸うのは悪いことだ、と言いたいのではない。人が習慣をではなく、習慣が人を支配するほど強くなり過ぎることがあるという事実を、自らの体験談を通じて示したのである。

繰り返しの行動がいつしか習慣になり、時にはそれがとてつもなく強い力を持つようになる。しかし人間には、自らの行動を自由に制する能力もある。つまり、自身の習慣を形づくり、それが望ましくないものになったときには対処したり捨てたりする力が備わっている。

ビジネスの世界ほど、習慣のパターンが重要になり、習慣の力がはっきりと目に見える場所はない。習慣こそ、実業家が成功できるかできないかを決める最も重要な要素なのである。

例えば、楽観的な考えを持つことや熱意を持って物事に取り組むことを習慣にしている経営者は成功しやすい。自分の仕事をよりよくこなせるようになるし、部下や従業員を鼓舞したり刺激したりするのにも役立つ。しかし楽観主義や熱意が度を超してしまうと、とても危険で、そして何より破壊的な過大評価や行き過ぎた熱意に育ってしまう恐れもある。

例として、実在するとても聡明で有能な実業家の話を紹介しよう。ここでは彼のことをビル・スミスと呼ぶことにする。スミスは楽観主義を武器に、いくつかの製造会社を立ち上げ、順調に黒字経営を続けていた。しかし不幸なことに、ビル・スミスは好況期にしか会社を経営したことがなかった。つまり、市場が順調に発展していたからこそ、彼の楽観的な見通しや憶測も実現できていたのである。

そんなある日、比較的小さな不況が訪れた。経験豊かな経営者であれば、少し守りに入り、市場が安定するまで慎重な行動を取ることを心がけるところだろう。

しかしビル・スミスにとって不況はまったく新しい状況だった。不慣れな彼は状況に対処することができなかった。楽観主義と熱意があまりに深く根付いていたため、少し様子を見るという慎重さを発揮する代わりに、すべてうまくいくという絶対の自信を持ったまま全速力で活動を続けたのである。

不況だというのに、スミスは自分の手に余るほどの事業に手を出した。結果、彼の会社は無理な拡大を続け、最後は破産した。

一般的に、よい習慣には〝育む〟、悪い習慣には〝陥る〟という表現が用いられる。これは、前者は手に入れるのが難しく、不断の努力が必要な一方で、後者は苦もなく簡単に身につくことを意味している。この考え方は間違いではない。しかし、必ずしも正しいわけでもない。人間とは、矛盾に満ちた存在なのである。結局のところ、習慣は習慣だ。悪い習慣よりもいい習慣を身につけるほうが難しくなければならない理由などない。

一例を挙げると、私は仕事の速さ、あるいは遅さは基本的に習慣の問題だと確信している。前者は時間を守るという好ましい習慣の、後者は時間に無頓着だという悪い習慣の結果である。時間を守る、借金を返済する、義務を果たす、約束を守るなどという意味における〝速さ〟は、誰にとっても有益で、望ましいものだ。

ディナーに招待されるたびに遅れてくる者はホストやほかのゲストにとって迷惑でしかない。そのうち愛想を尽かされ、招待されなくなるだろう。

習慣的な速さはあらゆる経営者にとって特に貴重な資産だと言える。「時は金なり」という古くさい格言は現在でも有効であるばかりでなく、過去のどの時代よりも今こそ重要な意味を持つ。ペースが速く、複雑さを増した現代のビジネスでは、一時間どころか一分たりとも無駄にできない。経営者と経営幹部は極めて厳しいスケジュールで活動することが求められている。製造ラインを意味もなくストップするなどして生産時間を無駄にする余裕はないのである。

現在、自社で飛行機を所有する企業の数が増え続けている。幹部をできるだけ速くある場所からほかの場所へ移動させるためだ。アメリカだけで三万四〇〇〇機以上の社用機があると言われている。例えばゼネラルモーターズは二二機を所有している。

モントゴメリー・ワードは、同社の幹部を社用機で移動させる費用は、一般の定期航空便を使った場合よりもおよそ三分の一高くつくと発表している。しかし、旅に要する時間はおよそ六〇パーセント短縮できるそうだ。モントゴメリー・ワードはほかの多くの会社と同じように、コストの増加分以上に時間短縮の価値のほうが高いと理解しているのだ。

要するに、約束通りの時間に約束した場所に来る者は、相手にいい印象を与えるだけでなく、自分と会社の資金を節約し、それゆえに利益を増やしているのである。

ビジネスのあらゆる段階において速さが求められる。期限どおりに注文を出し、商品を配達し、サービスを実行し、請求額を支払い、そのほかの義務を果たす経営者と企業が、成功する確率が最も高い。注文した商品の到着が遅れれば、顧客は次から別の会社に注文するだろう。期限内に支払いを済ませる個人や会社は信用格付けが高くなり、滞納する者はまたたく間に信用を失い、どこへ行っても信用を得るのが極めて難しくなる。

速さを習慣にすることには数え切れないほどの利点があるにもかかわらず、時間を守らないことを習慣にしてしまう人もいる。〝遅さ〟が習慣になってしまう原因としては、ひねくれ、怠け心、先見性のなさなどを挙げることができるだろう。これらは遅さだけでなく、自分自身とビジネスキャリアを害する悪しき習慣の多くの原因になる。

節約も身につけることができる習慣の一つで、ビジネスにおける成功にとって決定的な役割を果たすことが多い。節約することが理にかなっている場面では必ず節約するという考え方を誰もが持つべきだ。

この考え方はどんな場合でも正しい。ある人物が独自の事業を始めようとしていると仮定してみよう。業種に関係なく、彼はまず、少なくともある程度の資金を用意しなければならない。資金を獲得する方法は基本的に三つしかない。「自分の蓄えを使う」「一人あるいは複数のパートナーに出資してもらう」、あるいは「借金をする」の三つだ。もし資金を自分一人でまかなえるなら、そのビジネスは彼のものとみなすことができる。しかしパートナーに頼った場合は、彼が所有するのは事業の一部なので、利益も山分けしなければならない。借金した場合は返済が待っている。しかも返済には利子がつきものなので、利益はさらに減ることになる。

事業を立ち上げたあとも、節約する方法を知らない者に比べ、節約する習慣を持つ者のほうが、成功するチャンスがはるかに大きくなる。節約が習慣として身についていれば、生産費用や諸経費を切り詰められるチャンスを見逃すことはないだろう。現在のように競争の激しい市場では、ちょっとした節約が大きな意味を持ち、純利益や純損失にはっきりとした差となって現れてくるのである。

さらに、節約を習慣化しておけば不測の事態が生じたときにも対処する資金があるし、不景気にも耐えられる。借金をせずに事業の拡大や改善をすることもできるだろう。

賢明な者は速さや節約が目標を達成する際に大いに助けになることを理解している。そして、自分の性質の一部になるまで速さと節約を実践する。その努力の報酬として、この二つの習慣がもたらす利益を得るのである。

しかし、ビジネスで成功をもたらす力強くポジティブな習慣は、この二つだけではない。まだなりたての経営者や経営幹部が身につけることができる最も貴重な習慣の一つは、最終決断を下す直前に自分の考えを見直す時間を作る習慣である。たとえ数分でも数秒でもいい、この〝最終確認〟をすることには大きな利点がある。なぜそのような決断にたどり着いたのか、自分の考えをもう一度整理して記憶をリフレッシュする極めて貴重な最後の機会を作ることができる。たったそれだけのことで、決断を伝えたあとに異論が生じたとき、すぐに説得力のある反論を繰り出せる可能性がぐっと高まるだろう。世界トップクラスの俳優たちが、自分の台詞をすでに完璧に覚えているにもかかわらず、芝居の幕が上がる直前にもう一度、台本全体を、あるいは少なくとも自分のパートをざっと斜め読みする作業に似ている。

私が知るなかで最も成功しているセールスマンの一人（今は巨大企業のセールス部門の取締役を務めている）も、自分がうまくやってこられたのは若いうちにこの習慣を身につけたおかげだと言っている。

「習慣にするために、ちょっとした仕掛けを用意しました。得意先を訪問する前に、必ずコーヒーを飲んだり靴を磨いたりする時間を作ることにしたのです。そうすることで相手のオフィスに入る直前に、自分のプレゼンテーションについて頭のなかで最終確認をする時間ができました。これがうまくいきました。より効果的に売り込むことも、相手の質問や異論に備えておくこともできるようになりました」。彼はそう話してくれた。

そのような仕掛けが必要かどうかは別として、決断を下す前に一呼吸置いて自分の考えを整理する時間を作る習慣を持つことは、少なくとも私には、素晴らしいことだと思える。

身につけるのは少し難しくなるが、リラックスすることもまた、ビジネスにおいて短期間で成功を収めたい者が持つべき習慣である。成功する経営者はほとんどの場合、いつもリラックスしている。逆境に直面しているときもそうだ。もちろん、彼らが無感情で怠惰で無気力なわけではない。彼らの頭は理解と反応が早く、常に新たな機会を探し、利用し、未知の問題が生じても考えて対処する準備が整っている。落ち着きを失うことがなく、状況が変われば臨機応変に対応する。

一流のフットボール選手が試合で硬くならないのと同じように、熟練した経営者はいつもリラックスしている。アメフトの選手は相手のパスを予期せず奪った場合も、その場に立ちすくんだりパニックに陥ったりしない。状況が急に変わっても、動きを止めることがないのである。しっかりボールを抱えて走り出し、細心の注意を払いながらも、相手のタックルを避けるために方向転換ができるぐらいリラックスしている。

強いストレスにさらされている環境で同じようにリラックスし続ける能力を若いうちから持つ経営者は極めて少ない。しかし長年経営を続けていけば、ほとんどの人がこの習慣を身につけられる。

私がまだ若かったころ、あるベテランのオイルマンが言った言葉がある。「自分は湖の真ん中で船から落ちたのだと考えればいい。正気さえ保っていれば、岸まで泳ぐこともできるし、少なくとも誰かが助けてくれるまで水の上を漂うこともできる。でも正気を失い、パニックに陥れば、一巻の終わりだ！」

確かにある意味、事業を始めようとしている者は、湖の真ん中に落ちた者によく似ている。落ち着きを保てば、生き残るチャンスは高くなる。平静を失えば、沈んでしまうだろう。新米経営者や若い経営幹部たちには、この違いを肝に銘じておいてもらいたい。リラックスする習慣を身につけ、臨機応変に状況に対処する助けになるだろう。

ビジネスを運営する者にとって役立つ習慣と役に立たない習慣のすべてを挙げることなど不可能だ。何が有益かなど、それぞれの性格や人格によってもまちまちで、関連する分野やビジネスのタイプなど、さまざまな要素によっても異なってくる。

しかしながら、どんな習慣が自分にとって有益あるいは有害かは、ビジネスマンであろうがなかろうが、自分で判断できるはずだ。個人の生活と仕事をより好ましいものに変え、目標を達成する助けになる習慣はいい習慣だ。そのような習慣を身につけるよう、努力すればいい。有害だったり、邪魔だったり、壁になったり、無用だったり、いい結果をもたらさなかったりする習慣は避ける。もしそのような習慣がすでに身についてしまっている場合には、できるだけ早く捨て去らなければならない。

経営者や経営幹部は定期的に時間を作って、自分たちが仕事の際にどんな行動を習慣と呼べるほど頻繁に行っているかを調べてみるといいだろう。その際、見つけた項目を紙に書き出すのが好ましい。そして、列挙した項目を習慣とみなして自分なりに評価してみるのである。誠実に評価すれば、そのなかのいくつかは悪い習慣だと分かるはずだ。それらをできるだけ早くなくすように最善の努力を尽くそう。

項目のいくつかは〝よくも悪くもない〟あるいは〝いいか悪いか分からない〟と思えるに違いない。それらに対しては、ポジティブな習慣に変えることができないか、客観的に検討してみる。

例えば私の知るある管理職員は、週に一回、自分の部署の全従業員を集めてミーティングを開くことを習慣にしていた。ミーティングを行うという考え自体は正しかったのだが、数カ月続けたところで特に有益な成果は得られなかった。

その管理者はミーティングをやめようと考えていた。しかし、習慣の再評価を行った際、彼はミーティングがなぜうまく機能しないのか、よく考えてみた。そして、答えを見つけた。問題は、ミーティングの開始時刻を金曜日の午後四時一五分に設定していたことにあったのだ。

人間の習性だろうか、金曜日のその時間、従業員の頭のなかはすでに週末のことでいっぱいだった。彼らは終業時間の四五分前に仕事の話に興味を持つことも集中することもできなかったのである。管理者が曜日と時間を変えると、毎週のミーティングはすぐに優れた習慣に生まれ変わった。それ以降、ミーティングは生産的になり、さまざまなアイデアが生まれ、効率が高まり、従業員の士気も上がった。一方、ポジティブなものに変えようのない、どっちつかずの習慣は捨てたほうがいいだろう。維持していれば、いつか〝悪い〟習慣になってしまうかもしれないのだから。

項目のなかでポジティブな習慣が見つかった場合、それらをさらに有益に、生産的にする努力を怠らないのが優れた経営者である。例えば節約する習慣が身についていて、常にコストの削減を意識しているのなら、その努力を倍にして、出費を抑えて利益を増やす方法をもっとたくさん見つけるよう心がけよう。

ビジネスでトップに立つことを目指す者は習慣の力を正しく評価し、繰り返しの行動が習慣を作るという事実を理解しておく必要がある。自分に害をなす習慣は即座に断たなければならない。そして望む成功をもたらす助けになる行動は、それが習慣になるまで実践するべきだ。

ビジネスの失敗と落とし穴

経営に携わる者はいつか必ずミスを犯す。大切なのはそこから学び、同じ過ちを二度と繰り返さないことだ。しかし、会社組織の運営においては、失策や判断ミスが特に生じやすい状況があることも事実だ。そうした〝落とし穴〟を予測して避けることができるかどうかは、管理者の能力にかかっている。失策や判断ミスは必ず生じるものだが、すでに紹介した成功のためのミリオネアのメンタリティーを持っていれば、それらにうまく対処し、しかも利を得ることができるようになる。

ほかの人々と同じで、私も失敗した思い出は早く忘れたいが、それでも決して忘れられない記憶も数多く存在する。なかでも、三つの大失敗が頭から決して離れてくれない。

一つ目はオクラホマの油田での出来事だった。のちに「イェール・プール」と呼ばれるようになった地域である土地の採掘権を買ったとき、私は一人の地質学者に土地の調査を依頼し、掘削すべきかどうかの判断を求めた。

「ここに石油はありません。この土地は無価値です。採掘権を売ったほうがいいでしょう」と学者は報告した。私は助言に従い、権利を売った。ところがしばらくのちに、イェール・プールには潤沢に石油が埋もれていることが明らかになったのだった。私にしてみれば、富をドブに捨てたようなものだった。

二つ目の巨大な失策は一九三一年。私が大株主だった企業群と私個人で、二〇〇万ドル以上の価値のメキシカン・シーボード・オイル社の普通株を買い上げた。不況で価格が下がっていたのである。その後、市場はさらに低迷し、株価が一段と下がった。個人的には、我々はメキシカン・シーボードに安全で確実な投資をしたと考えていたのだが、取締役たちは株価がさらに下がるのではないかと不安を覚え始めた。

「これ以上のリスクは許容できない。今のうちに売り払うべきだ」と彼らは主張した。数では勝ち目がない。私は多数派の意見に同意するしかなかった。企業群と私はメキシカン・シーボードを売り払った。

その株を維持して、一九三一年のうちにさらに買い足しておけば、私たちはかなりの安価で同社を支配することに成功していただろう。その後、メキシカン・シーボードの株価は大幅に上昇したのである。もし手元に残しておけば、私は数百万ドルの利益を得ていたはずだ。

一九三二年、私は人生で最大のヘマをやらかした。私はイラクにおける石油採掘権の獲得を検討していた。地質調査と採鉱を通じて、暑い砂漠の地下に膨大な量の石油が埋蔵されていると予想された土地だ。バグダッドでイラク政府と交渉を行った私の代理人は、数万ドルで望む採掘権が得られると伝えてきた。ちょうどそのころ、アメリカの原油価格が崩壊した。東テキサス原油の価格が一バレル一〇セントにまで急落し、石油業界はパニックに陥ったのである。私は資本流出のリスクを冒すわけにはいかないと考え、バグダッドにいる代理人にすべての交渉を中止するよう命じた。

一九四九年、私は再び中東地域で採掘権を手に入れるチャンスを得た。今回、私はためらわなかった。ただし、条件は一七年前の一九三二年とは大きく違っていた。一九四九年、採掘権契約に署名するために、私は一二五〇万ドルを支払わなければならなかったのである！

手痛い失敗だったとはいえ、この三つだけが私が犯したミスだったのなら、少しは気も楽だろう。しかし実際にはもっとたくさんの失敗をしてきたし、これからも何度も間違うに違いない。すでに述べたように、誰もが過ちを犯す。経営者も例外ではない。しかし私が個人で経験してきたことや観察してきた事例を総合すると、経営者あるいは経営幹部の失策の多くは、いくつかのカテゴリーに分類できると思う。

当然のことながら、まだ経験が浅くて未熟な若い経営者が最も多くのミスを犯す。その多くはうっかりミスと呼べるもので、さほど深刻ではない。そのようなミスは、理解することも許すこともできる。ほかの失敗は、経営全般あるいは独自の事業における学習不足や理解不足あるいは誤解を原因にしていることが多い。そしてもう一種類、完全な不適合や無能から生じるミスがある。これは経営キャリアにおいて致命的であることは言うまでもないだろう。

先述した私の個人的な三つの失敗談は、多くの経営者が犯す、特に比較的経験が浅く未熟な時期に犯しがちな三種類のミスを例示している。

一つ目は、事実と意見の境界を見誤る過ち、あるいは能力不足だ。事実に基づきじっくり考えたものだとしても、意見は意見でしかない。だから絶対に正しいと言えるケースはほとんどない。意見とは、何らかの資格や適性を持つ人物が、考えのもとになる情報を自分なりに解釈したうえで発するもの。したがって、意見の善悪はその人物の能力に左右されるため、その人物の能力以上に優れた意見などありえない。時に経営者は他人の意見を事実として受け入れ、それ以上の調査や研究をせずに計画を立てたり決断を下したりすることがある。イェール・プールの採掘権を手放したときの私がまさにそれだ。当時の地質学はまだ科学とは呼べないほど不正確だったことを知っていたにもかかわらず、私は土地を調査した地質学者の言葉、つまり〝意見〟をそのまま受け入れてしまった。私は一人の〝専門家〟の判断に対する〝第三者〟の考えを聞く時間も手間も省いてしまったのだ。誤った助言をしたからといって、地質学者を責めるわけにはいかない。悪いのは、彼の言葉を素直に受け入れた私なのだから。

意見やうわさ話を真実だと思い込んでしまうのは、人間一般に見られる傾向である。そんなことはないと思うなら、偏見に満ちた新聞の社説を、政治プロパガンダの一説を、あるいは道ばたで耳にしたうわさ話をあたかも真実のように言い広めている人物に、これまでどのぐらい遭遇してきたか思い出してみればいい。

地元の中国料理店で、焼きそばのなかからハンセン病を患った中国人コックの親指が出てきた、という話を聞いたことがないだろうか？　このうわさ話は私が子供のころすでに古くさいと感じるほど昔から語られていた。それなのに、いまだに語り継がれ、ばか正直な人々に信じられているのである。これはもちろん極端な例ではあるが、経営者が中国人コックの親指の話と同じぐらいでたらめな意見やうわさに基づいて何らかの決断をすることは頻繁に起こっている。普段は賢明な経営者が、証券取引所である会社の株価が上がるあるいは下がるに違いないと聞いたというだけの理由で大量の株を買ったり売ったりしている。経営者が犯す過ちの原因は、十中八九、自分で事実を突き止めようとせずに、人の意見やうわさに基づいて選択をすることにあると言える。

少し前、私の知る製造業者は、とある新製品に対する需要が高まっているという貿易雑誌の記事を読んだ。彼はその製品を製造することに決め、およそ一〇万ドルもかけて設備と材料を調達した。しかし製造をスタートさせる前に、ほかの六つの企業がすでに販売を開始したことを知る。会社が製品の販売を始めるころには、市場はすでに飽和していたのである。彼は痛い目に遭った。もし事前に事実をしっかりとチェックしていれば、このような愚かな事業に飛び込むことはなかっただろう。

絶対的な事実や真の情報と同じぐらい信用に足る何かがこの世にあるのかどうか、私には分からない。しかし、真実の皮をかぶったうわさや意見がそれではないことは確かだ。取引や計画や行動を成功に導くために、経営者は手に入る事実をすべて集め、自分で吟味し、分析しなければならない。他人に意見を求めて参考にすることは間違いではないが、彼らの意見に事実による裏付けがあるのかどうかを確認せずに、盲目的に受け入れて従うのは間違いである。これは若い経営者や経営幹部が最初に学ぶべきことだ。でなければ、あとで痛い目に遭うことになる！

れっきとした事実を参考にしてまっとうな決断をしたと確信したとき初めて、経営者は決断や計画を実行するための方針を決めることができる。そして、方針が決まれば、その進路を走り続ければいい。それをしないことが、若い経営者が特に頻繁に、そして若くない経営者もしばしば犯してしまうミスである。

私の例では、一九三一年のケースがこれに当たる。私には信念を全うして自分の決断と計画を守り続けることができなかった。私は、メキシカン・シーボードの株の買収はとてもいい、それどころか極めて素晴らしい投資だと確信していた。同社の履歴、組織構造、財務状況、潜在能力など、あらゆる関連項目を入念に調べ尽くしていたからである。そのうえで、自腹を切ってメキシカン・シーボード株を大量に購入し、私が大株主を務めるいくつかの企業にも同じことをするように説得したのだった。メキシカン・シーボードの株価が少し下落したとき、それら企業の重役たちが平静を失い、多数決で株の売却を決めた。私の説得は聞き入れられなかった。私は自分の計画ではなく彼らの判断に従い、自分の持ち株を売り捨てた。購入額よりも安く売り払ったため、かなりの損失になった。ところが、それからの数年でメキシカン・シーボードの株価は何倍にも膨れ上がった。私が綿密な調査で導き出していた結論は正しかったのである。本来なら私の手元に転がり込んできたはずの巨大な利益を失ったことが、本当の損失である。

株式取引とはそういうものだ。商工業界では同じようなことが頻繁に起こっている。用意周到に計画した生産活動や販売プログラムをスタートさせたあとの経営者というものは、減速や停滞の兆候を少しでも見つけると不安になるものだ。そして緊急停止ボタンを押して計画そのものを破棄し、大きな損失を被るのである。特に未熟な経営者にその傾向が強い。彼らには状況が上向きになるまで我慢して待つ冷静さも、努力を倍にするあるいは活動を少し修正するだけで計画を大成功に導くことができる、または少なくとも損害をなくせるという知識もないからだ。

会社の会計を完全な形で記録するために、幹部や経営者の失策によって発生した損害を文字通り金額として記載する特別な帳簿も作るべきだと、私は日頃から主張してきた。そうすれば、進行中の計画や活動を不安から途中で中止した場合に生じる損害が、ほとんどの場合でほかのどのタイプの失策よりも大きいことが分かるだろう。

一九三二年、私はイラクで石油採掘権の獲得交渉から手を引くというヘマをやらかしたが、これも経営者がやりがちなミスの一つだ。リスクを恐れるのである。しかし、経営者はリスクに前向きでなければならない。計画されたリスクや計算されたリスクなどもあるが、リスクはリスクだ。賢明な経営者は既知の情報だけでなく、関連するであろうすべての要素を考慮して状況を分析する。あらゆる可能性に備えようと努力はするが、同時に不測の事態のすべてに対処できるわけではないことも理解している。つまり、まったく予期していなかった出来事や進展が生じ、計画が変更や破棄に追い込まれる可能性があることを承知している。しかしそんな場合でも、自分にできることはすべてやったという気持ちがあれば、自信が生まれ、成功の可能性にかける勇気が生まれる。

どうやら、一九三二年の私はそれほど賢明ではなかったようだ。もし、状況を客観的に分析したなら、原油価格の暴落は一時的なもので、しばらくすれば再び上昇、いや高騰することに気づいていたに違いない。石油に対する需要が年々高まり、石油会社が原油を求めて壮絶な争いを繰り広げることになるのは時間の問題だと予想できたはずだ。イラクでの交渉で私に提示されたのは安売り価格だった。それを支払って権利を買うのはリスクを伴う行動だったが、のちに利益を得れば、あっという間に取り返せたはずだ。

リスクを計算し、そしてリスクを取る勇気を持つ経営者は、十中八九戦いに勝てる。勝てないのは、不測の事態が起こり平静を失ったときだけだ。しかし、そのような未知数の要素があるからこそ、ビジネスは退屈な決まり事などではなく、おもしろいのである。

若い経営者や経営幹部は、これまで紹介してきたもの以外にもたくさんのミスをする。その多くは彼らの責任ではない。現代のビジネス界では若者の多くが、新興宗教の新人教徒かと思えるほど規律正しく服従的な態度を見せる。学校や大学で極端に専門的な教育を受ける彼らは、卒業するころには〝組織〟に命を捧げ、規則と責任転嫁の複雑な儀式に奉仕するようにしつけられている。彼らは、生産労働者を俗物、自分たちのことを聖職者とみなす。彼らが崇拝するのは組織図だ。複雑なら複雑なほどありがたい。本棚を埋め尽くすほどの分厚い手順書を見ると恍惚とする。彼らは定期的に秘密会議を開き、統計表や委員会報告書という秘伝の書をひもとくよう条件付けられている。彼らはまるで、寺院奥深くの神聖な部屋で難解な神の教えについて議論するエジプト人僧侶のように、商工業界の厳しい日常からかけ離れた存在なのだ。

最初の一〇〇万ドルを稼いだとき、私はまだ中古で買ったオンボロのT型フォードに乗っていた。この車が私のオフィスであり、現場事務所であり、時には寝室にもなった。フロントシートに座って、どれだけたくさんの取引を成立させたことだろう。重要な採掘契約や同意書に、車のなかで何度も署名した。証人が必要なときには、掘削職員や雑用係がぼろ車の曲がったフェンダーを机にして紙に署名をしたものだ。それが普通だったのである。初期のオクラホマで探査や試掘をしていた独立オペレーター（つまり試掘者）は、誰もがそうやって仕事をしていた。決まった終業時間もなければ、週休二日制もない。自分でプロモーター、地質学者、法務顧問、爆発物専門家、掘削監督などの役割を果たし、とにかく何でもやらなければならなかった。ほとんどの時間を現場で労働者とともに過ごした。

数日間徹夜することもざらで、掘削リグの上で少しまどろむか、車のなかで体を丸めればそれでよかった。

試掘者にはわずかな資金しかなかった……少なくとも、最初に一山当てるまでは。だが、常に激しい競争にさらされ、たくさんの財政的な危機や落とし穴に直面し続けることで、それらに対処する能力や技術を自然と身につけることができた。現代の若い経営者たちには、残念ながらそれらを学ぶ機会はほとんどないだろう。

私たち〝独立オペレーター〟は不要な管理経費の支出をとことんまで切り詰めた。油田のまわりにできていった新興都市にオフィスを借りようとは考えなかった。必要ないものに出費したくなかったという理由もあるが、そもそも机の前に座っていてはまともな仕事などできないと分かっていたからだ。私たちは自分の仕事のあらゆる側面を熟知していたからこそ、オペレーションの全段階を絶え間なく念入りに監督し、無駄な費用をなくすことができた。どんなに困難な、あるいは汚い仕事を前にしても、私たちは自ら作業服に身を包み、労働者とともに汗を流してうめき声を上げ続けた。それが従業員の士気を高め、奇跡をもたらしたのだ。

私がT型フォードからドッジの新車に乗り換え、タルサにある誰かのオフィスにデスクスペースを借りようと考えたのは、いくつかの油井で生産にこぎ着けてからだった。そのころ、私はすでに、少なくとも書面上では一〇〇万ドルを所有していた。それでもなお、スーツよりも作業着を着ている時間のほうが長かった。私は三つの事業――三つの油井の掘削――を同時に行い、自分自身の財務管理者、購買担当者、掘削現場監督として活動していた。掘削現場の活動をストップさせないために、数日間睡眠もとらずに働き回ることもあった。

自分のすごさを自慢しているわけではない。すでに述べたように、当時はほとんどの独立オペレーターがそうやって働いていた。ビル・ローザーとチャールズ・ローザー、R・M・マクファーリン、ジョージ・フォアマン、ジョス・コスデン、ビル・スケリー。ミリオネアになったあともビジネスに対する初心を忘れなかった多くの人々のほんの一例である。

私がこのような話をしているのは、当時と今の経営者の間にいくつかの違いがあることを示すためだ。加えて、現代の若い経営者が、アメリカの企業が、そしてアメリカのビジネス界全体が犯している過ちもここで指摘しておきたい。

まず一つ目として、管理諸経費に対する考え方を挙げることができる。数年前までは、経営者は誰もが経費を最小限に抑えるのが普通だった。しかし、現在ではその逆が流行っているようだ。現在の経営者はまるで熱病に冒されているかのように、巨大で複雑怪奇な帝国を築こうとする。企業の多くはおびただしい数の専門職幹部を雇い入れ、彼らに大げさな名前の役職を与え、たくさんの事務職員をあてがい、そして書類、報告書、メモ、研究、調査の底なし沼に沈めるのである。

そんなことをしているから、仕事を始めたばかりの若者たちが〝経営管理〟とはビジネスという犬に付属するしっぽではなく犬そのものだ、と思い込むのも無理はない。彼ら若者は持てる時間の半分を、研究や調査を通じて自分が何をしようとしているのか理解することに費やし、残り半分の時間は学んだ情報を委員会や社内通知を通じてほかの者と教え合うことに使う。

私はおそらく、心はいまだに試掘者なのだと思う。そのような超がつくほどの組織化やスーパー管理理論には、賛同できない。私はいまだに、管理費は少なければ少ないほどビジネスはうまくいくと考えている。全世界に広がる企業群で構成されているにもかかわらず、ゲティ財閥はわずかな管理運営項目とペーパーワークでうまく機能している。例えば、中東における全活動を管理している職員の数はわずか五〇人ほどだ。イタリアのゲティ・オイル・カンパニーはほかの業務に加え、一日四万バレル規模の製油所と一三〇万バレルを収容する貯蔵施設を運営しているが、管理職員はたった一五人しかいない。この事実が、巨大なペーパーワークの帝国を築かなくても優れたビジネスを運営できることを、少なくとも私自身と、私と同じように考える者に対して証明している。「何でも五倍にしろ」というような考えを持つ者には耳障りだろうが、私のような考え方をすれば効率が必ず上がり、生産が増えるのである。その結果、節約ができて利益も増え、株主も大喜びだ。

近年の若い経営者や管理者が陥りやすい落とし穴の二つ目は、過度な専門化だろう。今日このごろ、事業に関係するすべての側面や段階を理解している若者は極めてまれだ。平均的な若い経営者は事業の一側面について理論的な知識を持ち合わせているのが関の山で、自分のために働くほかのオフィスや部署で何が行われているのかについては、ほとんど、あるいはまったく何も知らない。いわば、「左の鼻の穴の診察に特化した神秘的な医者」のような存在なのだ。

もしこの傾向が今後も続くのなら、真の経営者、すなわち何がビジネスを動かし、それをどう操縦すべきなのかを知る、本当の意味で事業の協調と運営ができる人物は、この世からいなくなるだろう。真の経営者が消えて空いた席には、人工頭脳マシンが座る。超専門職幹部からパンチ穴の開いたテープの形でコード化された情報を受け取った人工頭脳が方針を決め、決断を下すのである。

ビジネスで成功を収めてトップの座に就くには、経営者は事業に関するすべてのノウハウを知っていなければならない。また、会社のあらゆる部門、オフィス、部署の義務と責任も理解しておく必要がある。会計、生産、販売、購買についてもできるだけ多くの知識を蓄えておく。かつての試掘者のように、十の、いや百の異なる作業に精通し、自分で直接監督できるようにしておく。そうすることで、効率と品質を高め、コストを削減し、利益を出し、拡大できるようになるのだから。

経営者は誰もが、スーツを脱いで作業着に着替え、現場で自分の手を汚すことで仕事の質を上げることができる。購買部門の副部長は、自分が調達した資材を自分の手で処理タンクや鋳造炉へ入れることで、購買のスキルも上達する。多くの場合、一万の仕様書を読むよりも、製造作業員の会話に一時間耳を傾けるほうが、学ぶことは多いのだから。旋盤機や穿孔機を自分で操作して製品の部品を作ったことがある広告担当者や販売部長の言葉は説得力が増し、販促キャンペーンも成功しやすくなるだろう。人事の専門化は、ついたてに囲まれたオフィスにこもって社員の〝やる気向上〟キャンペーンやボーリング大会を夢想するよりも、社員とともに過ごす時間を増やしたほうが、社員の抱える問題や心理状態についてはるかによく理解できるはずだ。

私の主張の正しさを裏付ける格好の例が、ベル・テレフォン・システムである。ベル・システムに属する会社の経営幹部は、ほぼ例外なく叩き上げの人物だ。彼らは、架線作業員、配線工、帳簿係としてスタートを切り、さまざまな業種を経験したのちに出世した。だから、彼らの仕事ぶりは非常に効率がいい。

USスチールの社長を務めた故ウォルター・マンフォードは金属の穴開け作業員としてキャリアをスタートさせ、週に七八時間働き、出世への険しい道を切り開いた。S・S・クレスギー社長のハリー・B・カニングハムは商品補充係として働き始めたのち、さまざまな部署や役職を経て、巨大小売業者のトップに登り詰めた。このような例は枚挙に暇がないが、私が言いたいことはすでに明らかだろう。

もう一つ、権限を人に預けるだけでなく、完全に手放してしまうことも、未熟な経営者がやりがちな過ちである。経営者や管理者ができるだけ簡単に物事を進めたいと考えるのは、おそらく当たり前のことなのだろう。それが人間の習性なのだろうが、ビジネスにとっては困った習性だ。経営者に楽をする余裕はない。権限を手放してはならない。他人に経営を任せきりにして、彼らの方針や行動を常に厳しく監視することを怠れば、じきに事業が問題に直面するだろう。そのときになって、自分が過ちを犯したことに気づくのだ。しかしほとんどの場合、気がついたときにはすでに手遅れである。

数年前、私は「自分のビジネスは自分で運営しろ」という助言を聞いたことがある。「ボスであることの苦難を受け入れるのが嫌なら、ビジネスをやめるか、苦難に立ち向かう覚悟のある誰かに売ってしまえ」。素晴らしい助言ではないだろうか。経営者は人に権限を預けるべきだ。いや、預けなければならない。複数の場所で同時に活動することなど、できないのだから。しかし、最終的な責任は自分で担うこと。最後の権限までも手放してはならない。

この文脈で、若い経営者が犯しがちな最後のミスが浮かび上がってくる。彼らは時が経つにつれ、いわば自分を甘やかすようになるのだ。仕事が多すぎる、〝ものすごい重圧と緊張〟にさらされている、などと文句を言い始める。そして、自分が病気、特に胃潰瘍になったことを、まるで勲章を得たかのように自慢するのである（この際、嘘かまことかはもはや関係ない）。健康診断、心電図、レントゲン撮影などあらゆる検査や診断に、金と時間の多くを費やし始めるが、これほどばかばかしいことはない。

全国人口動態局の発表によると、「経営・技術・管理レベルの職に就く者は、平均よりも死亡率が……低い」のだそうだ。生命保険の料金も、経営者がいちばん低い。医学調査を通じて、経営者は、彼ら自身の言葉とは裏腹に、店員や肉体労働者よりも心臓病になる確率が低いことが分かっている。癌などの命に関わる病を患う確率も、レンガ職人や車掌より高いという事実は見つかっていない。

ある有名な医者が私に言ったことがある。「ほとんどの管理職は健康だ。彼らは働き過ぎでもないし、重圧が度を超しているわけでもない。彼らは地位を維持できるかどうかに強い不安を感じ、社内政治のせいで神経がまいってしまうだけだ」。ほかの医者は、管理職に就く者の多くが病的なまでに健康に頭を悩ますのは、彼らが役職を追い求めることと関連している、と考えている。

「自分は出世できないだろうと心のなかで恐れる管理職は、その言い訳として健康問題を口にする。出世できなかったときのために、彼らは妻や友人に、そして自分自身に、残念な結果に終わった原因は能力のなさではなく健康問題だったと思い込ませようとしている」というのが、その医者の見解だ。

また、別の医者によると、管理職の多くは胃潰瘍に悩んでいると主張するが、実際に胃潰瘍を患う人はほとんどいないらしい。「胃潰瘍になることがステータスシンボルになっている。胃が丈夫だと認めるぐらいなら死んだほうがました、と考えるタイプの管理職が存在する。彼らにとって、胃潰瘍ではないと認めるのは、自分が庶民と同じだと認めるのと同じぐらい惨めなことなのだ」と医者は笑う。

私は医学の専門家ではないので、医者たちの言葉が本当に正しいのかどうかは分からない。それでも、二八歳から三〇歳ぐらいのある会社幹部が「仕事のしすぎだ」「ものすごい負担だ」などと嘆いているのを聞いて、大笑いしたことがある。なにしろ、その男が仕事をしているのは、三時間の〝ビジネスランチ〟やゴルフをしている時間を差し引いて、週にしてせいぜい四八時間程度だったからだ。アメリカのビジネスにおける真の巨人や天才は毎日一六時間から一八時間、そしてたいてい週七日働いた。休暇を取ることもまれだった。しかも彼らは比較的長生きだった。

例えば、アンドリュー・メロンは八二歳まで、アンドリュー・カーネギーとヘンリー・フォードは八四歳まで、ジョージ・L・ハートフォードとサミュエル・H・クレスは九二歳まで生きた。息を引き取ったとき、ジョン・D・ロックフェラーは九八歳だった。

過去の経営者だけが長生きだったのではない。一九五九年、ヒュー・ロバートソンは七二歳にしてゼニス・ラジオ社の社長の座をジョゼフ・S・ライトに譲り渡したのち取締役会会長に就任し、活発に活動している。ウォルター・ジョンソンはすでに八〇代であるにもかかわらず、情熱を持って野心的に、フリーデン社とアメリカン・フォレスト・プロダクツ社という二つの巨大企業を経営していることで知られている。このような例は探せばいくらでも見つかる。

自分が〝仕事をしすぎだ〟と考え、健康に不安を感じている半人前の経営者は、『アメリカビジネス紳士録』でも買って読んでみればいい。本当にたくさんの仕事をして大成功を収めた経営者はたいてい長生きだと分かるだろう。

ここまで、四〇年以上にわたり会社の経営に携わってきた私が考える、若い経営者が最も犯しやすい過ちを紹介してきた。そのうちのいくつかは若いうちは誰でも経験する失敗であり、経営経験を積むうちになくなっていくだろう。ほかのミスはあらかじめ注意しておけば避けることができる。私が挙げた失策のほとんどは、私自身も一度や二度は体験したことだ。ビジネスでもそれ以外でも、〝一度〟過ちを犯すことは珍しいことでも、恥ずかしいことでもない。しかしキケロが言ったように、同じ石に二度つまずくのは恥ずべきことである。

健全な人事管理

従業員の献身的な働きがなければ、経営者は成功できない。どんなアイデアでも、実現には関係者全員の知的な作業と協調が欠かせない。高い目標を掲げる経営者は、重圧の有無にかかわらず、従業員から最善を引き出す術を身につけていなければならない。これは生まれつき備わっている才能に思えるかもしれないが、実際には学習が可能な技術である。

数年前、私はあるアメリカ人実業家と話し合う機会があった。たくさんの会社を成功に導いた、経営界でも有名な男だ。

「君には魔法の力が備わっているに違いない」と私は言った。

彼は答えた。「魔法の力？　そんな力はありませんよ。私が成功できたのは、ずっと前に事業に大きな違いをもたらす秘密のスパイスを見つけたから。そのスパイスとは、良識に基づいてマネジメントに心理学を応用することです」

私は彼の言っている意味をすぐに理解できた。というのも、私自身もオクラホマの油田で、心理学を正しく用いれば事業管理の効率が上がることを学んだからだ。この基本的なレッスンを学ぶのは地道な、そして時には厳しい作業だったが、掘削クルーとともに働くためには必要なプロセスだった。

まだ若く経験も浅かった私は、年齢も知識も経験も私より豊富な人々と協力して働く必要があった。例えるなら、私の立場は、突然屈強なベテラン兵士で構成される部隊を指揮することになった新人少尉に似ていたかもしれない。私には権威と最終責任があったが、私がそれらをうまく行使し、実力を証明できる人物であるかを見定めようとする熟練職人の厳しい目にさらされていた。

偉そうな態度を貫き、権威を振りかざすのは最悪の選択だということは分かっていた。そんなことをしても、笑われて軽蔑されるだけで、部下たちはろくに仕事をしなくなるだろう。かといって、私が彼らとの距離を極端に詰めて〝仲間〟のふりをしても、逆に彼らにとって遠い存在のようにふるまっても、結果は同じことだろう。だから、ちょうどいい中間点を見つけるしかなかった。ただし、そうしたことを〝心理学〟だとはみなしていなかった。そもそも心理学という言葉をそのような文脈で用いようとする発想すらなかった。私にとっては、事業の成功の鍵を握る男たちの士気と働きを効果的に上げる方法を模索していたに過ぎないのである。

私にはまっすぐに彼らと向き合うのが最善だと思われた。それ以外の試みを、彼らは決して受け入れようとしないだろう。さまざまな手段を用いて、私は自分の見方をはっきりと示した。彼らの経験を評価しているだけでなく、そもそも人として彼らを尊敬していること、彼らとの関係を相互努力の関係と位置づけ、私にも資金上のリスクを背負い、頭を働かせ、自分のできる仕事をする覚悟があることを、態度で示したのである。説明せずに命令や指示を与えることは絶対にせず、彼らのやり方に口を挟んだり粗探しをしたりするようなことも徹底的に避けた。求められればどんな厳しい仕事も、難しい作業も手伝った。

するとと驚くほど短期間で、彼らは私が新米ではあるけれども無知ではないことに気づき、それどころかオイルビジネス全般、特に掘削作業に精通していることを認めてくれたのである。それ以降、私たちの間には互いに尊敬し合う関係性ができあがり、掘削現場での仕事もはかどった。とはいえもちろん、意見の食い違いや緊張が生じたこともあった。そのなかの一つが特に印象に残っている。

当時、掘削作業員は一二時間シフトで週に六日働いていたため、街で遊ぶ時間などほとんどなかった。それでも――オクラホマの照りつける日差しの下で二日酔いのまま働くのは本当につらいことだったにもかかわらず――新興都市の歓楽街の誘惑に勝てない男たちもいた。ある日、一人の作業員がひどい二日酔いのまま掘削現場へやってきた。作業は重要な段階に差しかかっていたのに、その男はまともに仕事をしないどころか、あからさまにさぼり始めた。

ほかの年配の作業員たちは、私が彼にどう対処するのか注目していた。ありがたいことに、二つの事柄が私に味方した。昨夜、私も街に繰り出していて、しかもクルーたちもそのことを知っていたことが一点目。そしてもう一点、その二日酔いの怠け者は私より少ししか年上でなかったことである。

「気分が悪いのですか?」と私は尋ねた。男は私を黙ってにらみつけた。私は続けた。「取引しましょう。一〇秒のハンディをあげますから、私とリグに登る競争をしてください。もしあなたが勝てば、今日は休んでもかまいませんよ。有給で」

作業員は掘削塔の頂上を見上げた。「ボス、いいですよ」とつぶやく。私はほかの男に時計を渡した。スタートの合図とともに、作業員はまるで猿のようにリグをよじ登り始めた。一〇秒後、私もスタートし……彼よりも一秒か二秒早く頂上に到着したのである。

プラットフォームに降りてきたとき、私たちは二人とも息を切らしていたが、この勝負で私がつかんだ勝利は一つだけではなかった。年上の作業員たちは、さもうれしそうに大笑いしていた。彼らが喜ぶ方法で状況を打破したことで、私は自分が彼らの正当な〝ボス〟であることを証明したのである。二日酔いだった男は仲間からからかわれたが、気を悪くすることなく応じている。

「分かりました。たとえ死んでも、このシフトを全うします!」と彼はうめくように言った。実際、彼はシフトを最後まで、死ぬことなく勤めあげた。その日以降、彼はクルーのなかで最もよく働く、意識の高いメンバーの一人になり、ほかの現場でも私のもとで働いてくれた。

応用心理学が人的管理の問題を解決し、事業運営をスムーズにしてくれることを、このエピソードは証明しているのではないだろうか。もちろん、建設業者の副社長に、自分の管理能力を証明するために新人レンガ工とレンガ運び競争をしろ、と言いたいわけではない。しかし、ここで紹介した例は、誰からも理解されやすい人間的魅力に満ちた管理方法や行動の大切さを物語っている。

おそらく、私の経営者仲間のマネジメントに対する考え方は少し異なるだろう。彼らはマネジメントの主な機能は〝人を通じて〟結果を得ることにあると考えている。この考え方に従えば、健全なマネジメントとは、結果を出させて目標を達成させるために、人々に「やる気を出させ」、「指示を与え」、「勇気づけ」――そして管理する側の人間が特別な資質に恵まれている場合は――「触発する」ことを意味する。

ありがたいことにそんな時代はとっくに過ぎ去ったが、かつての経営者は人材というものに対して思いを巡らせることがほとんどなかった。人材こそが今も昔もビジネスにおける最も貴重な資産であるにもかかわらず、従業員は消耗品とみなされ、株主は黒幕や強欲者の意のままに操られ、顧客やクライアントさえ「忌々しい大衆！」などと呼ばれていたのである。

しかし、この数十年で人的管理の考え方が大きく変化した。ビジネスとその管理方法が成長したのだ。人の大切さに対する理解が深まり、洗練されてきた。確かに、この変化は自発的なものではなく、外部からの圧力で引き起こされたものであることは間違いないが、その点は重要ではない。重要なのは、現代の会社経営が人間とは切っても切り離せない関係にあること、人々から力を引き出すには彼らをどやしつけたり命令を叫んだりするだけでは足りないこと、そして何より、人々は導くものであり、追い立てるものではないということに、経営者側がようやく気がついたという事実である。

これまでやってきたことが間違いあるいは無知に基づいていたことに気づいて反省した経営者たちは、過ちを正し、経営心理学を発展させることに力を費やすようになった。その証拠に、従業員と株主、そして一般大衆との良好な関係を維持するために考案されたプログラムに大きな出費がなされるようになってきている。また、企業の大半が〝好ましい企業イメージ〟を広めようと努力している。これらはすべて、人々の力なしに結果を得ることなどできないということに、現代の経営者たちが気づいている証拠であると言えよう。

大雑把に言って、すべての企業は「高い従業員の士気、高品質な製品、確実な利益」という同じ結果を望んではいるが、心理学の応用方法やその効果はそれぞれで異なる。あまりにも多くの経営者や管理職員が、正しい経営心理学（例えば、思いやり）は自分の足元から始まるという事実を見落としているようだ。手の込んだ広報活動が大きな成果を上げることは確かだが、経営心理学を真っ先に応用すべき相手は自分のすぐそばにいるタイピストや技術者や販売員なのである。

その際、手本を示すことほど強力な武器はほかにない。部下の力を借りて結果を残したいのなら、上司は少なくともこれだけの業績を上げてくれと彼らに要求する働きを、自分がしてみせなくてはならない。昼食に三時間も費やしている者には、明日までに取締役会長に提出する報告書を書けと命じたのに秘書がコーヒーを飲んだり爪にマニキュアを塗ったりして一〇分も時間を無駄にしている、などと文句を言う資格などないのである。

ほかの点でも管理者は模範を示し続けなければならない。それができなくて、部下に逆の心理効果を与えている上司も少なくない。「お前と俺とでは格が違うのだ」という態度を何の疑いもなく身につけ、役職を通じて権限だけでなく、何でも好き勝手にできる自由も手に入れたと考える者がいる。その典型例は、自分では会社所有物を私物化する一方で、社員が個人的に私用することを絶対に許さない管理者だ。そういう者は、事務員が鉛筆や五セントのスタンプを私的に使っただけで解雇も辞さない態度を取るのに、自分は個人的な手紙を秘書に数時間もかけて書かせたり、自分の用事のために部下を就業時間内に遣いに出したりするのである。

そうしたことを労働者たちは直ちに察知する。この社会で、最も迅速なコミュニケーション手段は社内のうわさ話だ。上司の誰かが悪い手本を見せたり、言っていることとやっていることが違う例を示したりすれば、部署内の士気と成果が一気に低下する。その代表例として、私がスパルタン・エアクラフト社の経営に携わっていたころに経験した出来事を二つ紹介しよう。

あるとき、私は従業員の士気が下がっていることに直感的に気づいた。その理由はまもなく明らかになった。管理職の何人かが、自分たちは毎朝三〇分から一時間遅れて出勤してきてもいいのだ、と思い込んでいたのである。もちろん彼らは、タイムカードで出勤時間が管理され、遅刻したら給料も減る普通の従業員と良好な関係を築くことができずにいた。

「火を消すには火をもって為せ」という格言があるが、私はマネジメント上の悪癖をなくすには、ポジティブな心理を植え込むのが最善の策だと考えている。懲罰をちらつかせて脅すようなことで時間を無駄にしたくない。そこで私は、その日からしばらくの期間、毎朝ミーティングを開くことを宣言し、全管理職員に通常の始業時間の四五分前に集合するように通達した。

それからのおよそ二週間、私の睡眠時間も少し減ったが、それでも目的は達成できた。管理職員たちに私の真意が伝わり、彼らが習慣的に遅刻することはなくなった。結果、またたく間に従業員の士気も高まったのである。

その後まもなく、私はある管理職員が会社所有の木材と釘を使って、自宅の裏庭に置く犬小屋を作ったという話を聞いた。その木材は古い梱包箱を分解したときにできたものだったのだが、それでも私は、彼がやったことは危険な前例になる恐れがあると考えた。もし、上司が会社の所有物を流用したことに従業員たちが気づけば、さまざまな問題が生じ、社内での窃盗件数が増えてしまうかもしれないではないか。しかしその管理職員は貴重な存在だったため、解雇しようとは思わなかった。そこで私は別の心理学的なアプローチで対処することにした。私は彼に丁寧な言葉で書いたメモを渡し、給料から適切な額を差し引くために、犬小屋作りで使った材料の詳細を知らせるよう求めたのだ。材料リストが送り返されてきた。計算したところ彼が使った物資の価値はおよそ四ドル。この額が彼の給料から精算された。この話が一瞬のうちに社内に広まったため、私は本人だけでなくスパルタン社の数千人の従業員にも、ポジティブな効果を生むことができた。その日以来、備品の盗難が明らかに減ったのである。労働者たちは、〝お偉いさん〟ですら社用品の私用が許されないことに気づき、自分たちの態度も戒めるようになったのだ。

会社の上司、部下、顧客などに分け隔てなく作用する健全な経営心理学を作り出す際、管理職に就く者の模範的な態度が極めて重要な要素になることは、もう理解していただけただろう。しかし、そのような模範にもさまざまな側面がある。例えば、健全な経営心理学を実践する管理職員は、それが上司であろうと部下であろうと、自分の相手を〝はったり〟でだますことはできないと悟るだろう。特に部下というものは上司がはったりを仕掛けた場合、即座にそれを見破る。上司が質問や問題に対する答えを知らないことや、ミスをしたのをごまかそうとしていることがなんとなく分かるのである。また、管理者は責任転嫁をしようとしてはならない。物事をごまかそうとすれば敬意を得られなくなる一方で、ミスや無知を率直に認めれば尊敬されるようになる。責任転嫁をすれば、それに気づいた者から軽蔑を買い、責任を負わされた人物の士気が下がる。

従業員との関係において最も大切なことは、彼らの一人ひとりを人間として認めることだ。そのための最も効果的な方法は〝責任ある参加〟である。責任ある参加ほど、従業員の間の精神的・感情的ムードを健全にするものはない。

金銭報酬が人に仕事をする気を起こさせる主要な手段であることに疑いの余地はないが、金銭だけがモチベーションを高める手段ではない。彼らは自分で気づいていないかもしれないが、大多数の人々にとって、仕事もまた明らかな心理的欲求を満たす手段になる。そしてロジャー・フォークが指摘したように、「ある事業において、自分が一人であるいはグループの一員として、納得できる全体目標に責任を持って参加している」と感じられるとき、人は欲求が完全に満たされ、最善を尽くす気になれるのである。

この考えに基づいて、イェール大学教授のE・W・バッケは従業員に「自分の世界の仕事において」、つまり自分の仕事環境において「作用する力や要因を確実に理解させる」のは管理者の責任だと説いている。自分に割りふられた仕事の、与えられた指示の、身の回りで起こっている出来事の〝なぜ〟と〝何のために〟を教えられた従業員は、自分が事業全体に関わる責任ある仕事に参加していると感じ、結果として幸せを覚え、より熱心になり、優れた成果を残せるようになる。

つまり、健全な経営心理学とは、従業員に自分は責任ある仕事に関与しているのだと感じさせ、二歩も三歩も前に進ませることなのである。それを実践する最善の手段は、経営側は従業員の考えに関心を持っているのだということを、はっきり示すことだ。機会あるごとに、問題、新計画、変更などについて労働者の意見に耳を傾けるべきだろう。そうすることで、予想外に多くの貴重な提案が聞けるだけでなく、労働者の一人ひとりに誇りを、つまり「自分は重要な役割を担って事業に参加しているのだ」という気持ちを持たせることができる。

私はずいぶん前から、人間関係という意味でも士気の高揚という意味でも、部下に意見や助言を求めることの大切さに気がついていた。私をはじめとした経営幹部が頭を悩ませていた問題に対して、白髪交じりの掘削作業員やベテラン技師や頭の切れる秘書が単純な解決策を見つけ、価値ある助言をしてくれたということを、何度も経験した。

要するに、労働者はただ命令に従うだけの獣でもロボットでもないのである。役職や格付けに関係なく、労働者は例外なく考えと感情を持つ人間なのだ。彼らは、経営側が自分たちの腕力だけでなく知力もあてにしていて、しかも自分たちの感情にも気を遣っていると知ることで心的な充足を得るのである。

経営心理学を健全なものに保つには、絶えず従業員の問題に関心を向けることが要求される。それが個人的な問題であっても同じことだ。しかし、これは従業員のプライベートな問題に首を突っ込め、という意味ではない。個人的な問題を抱える従業員の話に耳を傾け、できるなら手を貸すことが、経営側に求められている。

このことはすでに多くの会社において全社レベルで行われている。従業員福祉プログラム、カウンセリングサービス、金融支援などのことだ。しかしながら、個別に対処するよりもすべての管理レベルをこの精神で貫くほうがよほど効果的だ。部署の長に、部下全員の懺悔を聞け、ご意見番になれ、と言っているのではない。だが、もし管理者は人々のおかげで結果を残せるというのが本当なら、管理者は共感の心を持ち合わせ、個人の誰もが自分なりの希望、関心、問題、不安を抱えているということを意識していなければならない。労働者が自分の上司を尊敬できるとき、上司の助言を仰ごうとするのは当然のことである。そんなとき、上司は彼の言葉をしっかり聞き、できるだけ手助けをする。それが健全な経営心理学というものだ。

健全な経営心理学に欠かせないものとして、公正さも挙げることができる。経営陣は従業員、株主、顧客、サプライヤーに対して公正でなければならない。部下と顧客だけを特別扱いするのはよくない。むしろ株主こそ、優遇されるべき存在である。サプライヤーにも絶えず気を配る必要がある。労働者に支払われる給与や賃金も適正かつ公平でなければならず、昇進は功績を基準に決定する。不公平に扱われた者は精神に大きな打撃を被る。人々を公正に扱えないのなら、それは経営に失敗していることを意味している。

従業員を公正に扱うには、彼らを信頼しなければならない。自分が信頼されていないと感じた従業員は傷つき、やる気とパフォーマンスが低下する。時には壊滅的なほどに。経営陣が自分の能力を信用していない、自分は頼りにされていないと感じる労働者は、満足することも、生産的に働くこともできないのである。

著書『裸の社会』（ダイヤモンド社）のなかで、バンス・パッカードはイェール大学教授クリス・アーガイリスの考えを引き合いに出している。アーガイリスは人間行動を研究し、「人の行動を建設的なものにする最も強力な動機の一つは信頼である」と説いた人物だ。パッカードは、アーガイリスが定義した、多くの企業ではびこる不信の「因果連鎖」を次のように引用している。


一．従業員は誠実かつ真剣な動機を持って組織にやってくる。

二．従業員は自分があまり信用されていない、責任ある仕事を任されていないと感じ、挫折感から生じるフラストレーションを体験する。

三．従業員は組織の繁栄や成功に対し、責任を感じなくなる。また、挫折感を積極的なやり方、例えば窃盗などで埋め合わそうとすることが増える可能性もある。ものを盗むのは、それが自分のいらだちを表現する安全な方法であるから、という側面もある。より深い意味では、彼は「自分から責任感、義務、信頼を取り上げた会社のものを盗む」のである。

四．窃盗が発覚すると、経営側はそもそも窃盗を引き起こした原因（不信）をさらに強める。

五．その結果、従業員は誰の目にも明らかな形で会社への不信感を表し始める。彼は「分かった。会社が私のことを信頼できないのなら、私も会社を信頼しないし、そのようにふるまおう」と考えるのだ。


アーガイリスは調査を通じて、このような不信感は下級従業員に限られた現象ではないことを証明し、「私の予想では、上級レベルでもかなりの不信感が広がっている」と述べている。

ビジネスは人に依存し、人がいなければ成立しない。健全な経営心理学について議論すると、この事実が改めて浮き彫りになる。たとえほかの分野で豊富な知識や経験を持っていようとも、人を通じて結果を残すことができないのなら、その人物は経営者として価値がない。

労働者とともに生きる

労働者を敵視したり無視したりするのではなく、彼らと協力して働き、生活をともにすること。これは会社の経営に携わる者にとって義務だと考えられる。労働者の誠実な協力が得られれば、それがないときよりもはるかに容易に、そして楽しく成功と利益を手に入れることができるのだから。この事実は誰の目にも明らかなはずなのに、実際には残念ながら、労働者との関係を邪魔だとみなす経営者もいる。しかし、私の個人的な経験が労働者との良好な（相互の）関係を築くことは〝可能〟だと証明している。

数年前の例を挙げると、私が所有する会社の労働組合の代表団が契約の刷新を求めて、経営側と交渉の席に着いた。彼らは主に時間給の引き上げを求めていたのだが、私が知るかぎり、会社には要求の全額を満たすほどの余裕はなかった。しかし、彼らの主張は正当だと思えたので、全額とはいかないまでもある程度の譲歩はできると考えていた。

ところが交渉が始まる前、労使関係の〝専門家たち〟が私に向かって、初めのうちは譲歩する用意があることを絶対に明かすな、と助言した。「手の内を見せるな」と彼らは言うのだ。「最後の最後まで何もオファーしてはならない。話し合いは必ず行き詰まるから、それまで待つのだ。その後、まずは最低限の額を提案して、ほかにどうしようもないときにだけ、ゆっくりと引き上げていけ」と。

まるで、バザーでの値段交渉ではないか。私に言わせれば、そのような戦術は会社の品位をおとしめる行為であり、労働者代表団の知性を侮辱するに等しい。あとに残るのは、消えることのないわだかまりだけだろう。私はその会社の完全所有者であり、株主の利に反することをするリスクを冒すつもりもなかったため、自分自身の考え――私が思うに、専門家のものよりも優れた意見――に従って行動することに何一つためらいを感じていなかった。そこで、ある実験をしてみることにした。

私はいくつかの単純な、しかし正確な情報を網羅した報告書を持って、最初の交渉に赴いた。会社の生産コストと生産量や前年の損益計算書に加え、総合的な財務状況や近い将来の展望に関する評価などが文書に含まれていた。労働者側が自分たちの立場や状況を述べるのを、私はじっと聞き続けた。その後、私は準備してきた文書を組合のスポークスマンに手渡したうえでこう言った。

「このまま何日続けても話は前に進まないだろう。私の意見を言わせてもらえるなら、できることから話をスタートさせるほうが合理的だ。会社は君たちの要求をすべて満たすことはできない。今手渡した書類がその証拠だ。要求額の半分だけ、賃金を引き上げる。今のところ、それが限度だ。もし来年になって生産と利益が増えれば、残りの半分についてもう一度、君たちと話し合いたい。私は本当にそう考えている」

私は一同を見回した。喜んでいる顔は見つからない。側近たちは顔色を失っていたし、労働組合の代表者たちは驚いていた。そこで私が休憩を提案すると、労働者側は喜んで受け入れた。私たちはその日の午後遅くまで交渉を中断することにした。

私の側近たちは暗い顔をしていた。彼らは、私が会社だけでなく、私や彼らの首までも差し出す最初の一歩を踏み出したと考えていた。私が数センチ譲歩したことで、組合側はそれを数キロにまで広げようとするに違いないと思い込んでいた。少なくとも組合側は要求を倍に引き上げ、最悪の場合は、長期ストライキで大きな損害を引き起こすだろう、と恐れていたのである。交渉が再開したとき、側近たちはまるで死刑執行台へ向かう囚人のような表情で会議室に入ってきた。

私は何も言わなかったが、心のなかで彼らのうろたえぶりを笑っていた。そのときもまだ、私は自分が状況を正しく評価し、適切に行動したと確信していた。そして組合のスポークスマンが口を開いたとき、その確信が正しかったことが分かった。

「正直なところ、私たちは長く厳しい戦いを覚悟していました。しかしあなたは初めからすべての事実をオープンにしてくれました。ですから、もう話し合うことはありません」。スポークスマンはそこまで言って口を閉ざし、私の前にやってきて握手の手を差し出した。

そして、「ミスター・ゲティ、あなたと新しい契約を結びます」と笑顔を見せたのである。詳細はすぐに合意に至り、正式な契約が取り交わされた。私の〝実験〟は成功に終わっただけでなく、その後も有益な作用を及ぼし続けた。

それからの一二カ月で、さらに賃上げができるほど生産量と利益が増えたのである。経営陣と労働者には互いを尊重する強いつながりが生まれた。現在でもあらゆる問題が同じような話し合いを通じて解決されていて、会社が労働紛争に見舞われたことはない。このケース以外でも、事実に基づくまっすぐなアプローチがうまく機能することを、私は経営者、雇用主としてこれまで何度も体験している。

数多くの経験から言えるのは、労働者たちは基本的に公正だということだ。ただし、彼らは事実を知りたいと願っている。ここで言う事実とは、真の意味における事実のこと。仕立て上げた事実や半事実、曖昧な言葉などではない。

労働者と組合関係者は無知でも無能でもない。誤解を誘おうとしたり、嘘の情報を教えようとしたりしても、彼らはそれに気づく。そうなれば怒りを覚え、反抗するのは当然の成り行きだろう。逆に、ありのままの事実を見せれば、誠実な労働組合の代表は自分たちの目標の正当性と組合員に対する責任が許す範囲で、できるかぎりの協調を申し出てくれる。

これまでのキャリアで、私は労働者問題で頭を悩まされた経験はあまりない。それには、労働者に対する私の態度がある程度関係していると思われる。ほかの一部の経営者と違って、私は労働組合の自由で誠実な活動に反対したことがない。私は労働者にも、自ら組織を作って経営陣と取引をする権利があることを認めている。なぜなら、よりよい生活を求めるのは人間にとって当たり前のことだと考えているからだ。そして現実主義者である私は、多くの人、おそらくはほとんどの人が、「できるだけいい環境で働き、できるだけ高い生活水準を満たしたい」と思っていると考えている。だから人は短い時間で多くを稼ごうとするのである。

もちろん、生産量や利益などの要因に応じて、経営側がそれ以上は労働時間を減らすことも賃金を増やすこともできないという限度はある。だが、そのことを労働者に納得できるように伝え、反論しようのない事実を示しながら明確な限度を決めるのは、経営側の責任である。その際、経営側は労働者組織を相手に論争を繰り広げなければならなくなるが、それはあくまで筋の通った話し合いであり、決して階級闘争ではない。

私は、ことあるごとに公然と労働者組織を非難する、よくあるタイプの会社人間が我慢ならない。私の観察では、最も熱烈な反組合論者にかぎって、労働者組織の要求を非難するかたわらで、自分には同じような権利を寄こせと迫るのである。

例えば、最近行われた調査では、若い経営幹部や学生たちの大多数が労働組合に反対の立場を取っている。それなのに、彼らの七五パーセントが、大企業で働く（学生の場合は働きたいと望む）主な理由として、「安全性」を挙げたのである。

「解雇される可能性がほとんどないから……」

「固定給が増えるから……」

「退職金と医療福祉が……」

「有給休暇が……」

私は経営幹部たちに、彼らが自分たちに与えられて当然だと思っているもの、例えば役職任期や年次休暇などを与えることにためらいを感じることはない。しかし、自らも安定を求める会社側の人間が、労働者が同じような安定を望むことに反対するのには納得できないのである。

好きか嫌いかは別問題として、労働組合は存在してしかるべきものであり、組合がメンバーのために恩恵を勝ち取ろうとするのも当然のことだ。ヘンリー・ウォード・ビーチャーがパンと水だけで生きていくのに満足できない者は「生きるに値しない」と大っぴらに叫んでいた時代、人々が一日一二時間の労働でわずか一ドルを手に入れていた時代は終わったのである。

時計の針を労働搾取時代に戻そうとするのは、社会の動きから分厚い柵で隔絶されて生きている時代遅れな人間ぐらいだろう。先進的な現代ビジネスは、労働組合の必要性を理解し、その存在を受け入れなければならない。フランク・タネンバウムが言ったように、労働組合は「人間が商品ではないことの、そして人は一人では生きていけないことの明らかな証拠」なのである。

カルメット&ヘクラ社のH・Y・バセットは、「産業はコミュニティから何を期待しているのか」と題した著名な記事のなかで、彼の考える現代ビジネスをこう表現している。「組合と争うのではなく、現代のビジネス界には組合の存在価値があると認めるのが進歩的な会社経営である」

毎年生じる生活の改善と生活費の増加に対する故チャールズ・E・ウィルソン（エンジン・チャーリー）のコメントは、近年の労働組合の働きにより得られた安全や恩恵に対する進歩的経営者の態度をよく言い表している。ウィルソンは言った。「私たちが搾取しているのは人ではなく機械である。従業員が購入する商品やサービスを基準として一時間の労働力を購入し続けることは論理的であり、公正であり、筋が通っている」。二流の経営者が無視したり見落としたりしがちな基本的真実、「労働者はもはやただの労働者ではない」という点にウィルソンが気づいていたのは明らかだ。労働者は消費者、つまり顧客でもあるのだ。

複雑になった現代ビジネスの運営の根幹をなすのは大量生産の考え方だ。そして、大量生産がある場所には、必ず大量消費があり、大量市場が形成される。そうでなければ、生産品の行き場がなくなり、ビジネスのペースは低下し、経済が萎縮する。

現在、大量市場においてかなりの部分を占めるのが労働者だ。企業が大量生産した商品やサービスを消費するのは労働者なのだ。したがって、労働者の豊かさ、つまり高い収入による購買力の強化が、国家全体の繁栄において重要な要素になる。ここでもう一度強調しておくが、

〝自由〟で〝誠実〟な労働組合はこれまで、アメリカ人労働者だけでなくすべてのアメリカ国民の生活水準の向上に貢献してきた。労働者組織が交渉の席で利益を勝ち取ったことにより、労働者たちの購買力が増し、国の成長に大いに役立ったのである。労働者は自由企業体制の崩壊を狙っているという話をあちこちで耳にするが、私はこの考えを断固として否定する。アメリカの自由で誠実な組合が、国家資本主義を脅かしているとはとても思えない。それどころか、彼らこそ政治的あるいは経済的全体主義から民主主義を守る最強の防波堤だ。

私が知るかぎり、アメリカ人労働者のほとんどは自分がほかの国、あるいはほかの政治経済体制では味わえないほど高い生活水準を享受していることに気づいている。また、労働者団体のリーダーたちの大多数は自由企業体制に代わるシステムにはひどい弱点があることも知っている。だから、極右や極左が提案する体制には興味を示さない。

アメリカが繁栄しているという事実だけで、労働者が国の経済を崩壊させようとしているという主張を退けるのに十分だろう。なにしろ、アメリカの国民総生産は毎年五〇〇〇億ドルを超えているのである。もう一つ、慢性の組合反対論者が無視、あるいは都合よく忘れてしまう事実が、労働組合の存在価値を証明している。労働組合が大きな力を得た時代に、自由企業経済も急成長したという事実だ。

ある有名な労働組合幹部が私に話したことがある。「私たちのメンバーは賃金の増加と労働時間の短縮と特別給付を求める。しかし、彼らも組合関係者もアメリカの自由企業体制を破壊したり、それどころか変化させたりしようとは思っていない。労働者は、自分たちが会社と深い利害関係にあることを知っている。しかし同時に、会社側にも労働者と深い利害関係にあることに気づいてほしいのだ」

とても分かりやすい話だ。そして、私自身の経営者および雇用主としての経験も、労働者たちが二つの大目標を追っていることを示している。第一に、労働者は自分たちが創り出した富にあやかりたいと願っている。第二に、自分たちの大切さを認めてもらいたいとも願っている。問題を起こすからではなく、成果の点から見た大切さのことだ。結局のところ、会社が売る製品を作り、サービスを行うのは彼らなのだから。

第一の目標はまったくもって理にかなっている。ただし、条件がある。富の分け前としての賃金やそのほかの報酬と恩恵は、生産と利益に絶対に結びついていなければならない。ところが不幸なことに、この原則を理解していない労働者、さらには組合幹部が実に多い。経営陣はことあるごとにこの原則に触れ、その意味を理解させることに努める必要がある。生き残るために、企業は出費する以上の金額を稼がなければならない。ビジネスのやりくりにおけるこの最も基本的な真実を従業員の一人ひとりに理解させる努力を惜しんではならない。賃金の増加を検討する前に、まずは生産を維持あるいは増加させ、ある程度の利益を得なければならない、ということを労働者に分かってもらう。私の経験上、経営側が証拠を挙げながら説明すれば、ほとんどの場合で労働者側は理解してくれる。

自分たちの団体と契約を結んでいる会社を潰そうとする組合幹部などほとんどいない。それどころか彼らのほとんどは、会社の支払い能力を維持するために、あるいは組合員の収入や安全を高めるために必要だと納得したら、生産を増やす方法を一緒に考えようとしてくれる。つまり、ここでも経営者に求められているのは、事実を示しながら彼らを説得することだ。争うのではなく、協力しながら資本者側と労働者側がともに目標を果たす。そのうえで、そうした努力がもたらす富を分け合うのである。

労働者が二つ目の目標も実現できるよう、経営側は手を貸す必要がある。認められたいという労働者の欲求を満たす方法はただ一つ、彼らを認めることだ。経営側は実際の仕事をこなす人々の価値を認め、そのことを示す必要がある。この任務に最適なのは、労働者が「この人は経営陣を代表している」と思える人物だ。

私は、一般従業員と個人的なつながりを持つことの価値を理解しない管理者がとても多いことに、いつも驚かされる。生産労働者が会社幹部の姿を見るのは、彼らがまるで軍隊のようにしわ一つないきれいなスーツを着て工場を視察するときや、ＶＩＰ客に作業場を案内するときだけ、という会社がたくさん存在している。

それともう一つ忘れてはならないのが、会社の広報部門が設定した重役訪問。そのような見学会の典型例はこうだ。決まった時間、たいていは午前遅くか昼下がりになると、完璧に着飾った副社長とその側近たちが一団をなして工場にやってくる。彼らは見慣れない騒々しい機械の間を走る通路に沿って、ためらいがちにゆっくりと歩き、旋盤機の前で立ち止まる。副社長はネクタイの位置を整え、スーツの袖をまくり上げて旋盤機のほうへ身を乗り出す。その機械で行われている作業に関心があるかのようなふりをしながら、作業員に話しかけようとする。その瞬間、側近が彼の耳に作業員の名前をささやくのだが、副社長は聞き違いをして、誤った名前で声をかける。

数人のカメラマンがカメラを掲げ、見るに堪えない情景にレンズを向ける。フラッシュが光り、副社長が誰にも聞き取れない声で何かをつぶやくと、彼ら全員が足早で工場をあとにして、街にあるこぎれいで静かなオフィスへと帰っていくのである。

次の日、副社長と旋盤作業員の写真が地元の新聞に載り、同じ写真が翌週に発行される社内広報誌にも掲載される。写真の下にはこう書かれている。「ボリックス・アンド・カンパニー社の人事副社長、ウィルバー・ノウオール氏は従業員と密接な関係を絶やさない。写真は、三年前からボリックス・アンド・カンパニー社で働いている旋盤作業員ジョー・スミスといつものように話をするノウオール氏」

この記事を見たジョー・スミスと彼の仲間たちのコメントは想像にお任せする。この見え透いた宣伝行為でばかを見るのはウィルバー・ノウオールと会社の広報部門の責任者だ。

自分に誇りを持つ労働者はそのような宣伝を嫌い、労働者の品位を損なう行為とみなす。もし私もボリックス・アンド・カンパニー社で従業員として働いているなら、同じように感じるだろう。しかし、私は油田で労働および労働者との関わり方を学んだ。そこには絶対に変わることのない一つの原則があった。「経営者のために働く労働者には適切な賃金、適切な労働条件、そして経営者からの尊重を得る資格がある」という原則だ。

油田で働く労働者には賃金、適切な労働条件、そして雇用主からの尊重を得る資格が実際にあることを、油田で過ごした年月が私に教えてくれた。また、雇用主が被雇用者の重要さを認めることと、彼らの幸福に心から関心を持つことの二点ほど、労働者の忠誠と士気を短期間で高める方法はほかにないことも学んだ。

これは、あるベテラン掘削工が私に言った言葉だ。「人は、自分がやっていることが重要だと感じたい。ボスが自分のことを給与支払名簿の一項目ではなく、一人の人間として見ることを望む。自分がただの雇われ労働者ではなく事業のれっきとした一部だと思えるとき、人はいい仕事をする。そして、ボスがときどき仕事ぶりを見にくると、気持ちよく仕事ができる」

従業員の忠誠と士気と能率を上げる方法をずっと探している経営者は、このベテラン掘削工の言葉を座右の銘にするといいだろう。もっといい答えや確実な方法を探したところで、何年経っても見つからないはずだ。安っぽい宣伝工作や士気高揚キャンペーンに走ってはならない。いかにも無能な、あるいは未熟な経営者が考えそうなそのような不誠実な作戦は、労働者にすぐに見抜かれてしまう。

大切なのは、経営側が労働者と彼らの仕事を本当に重視しているということを彼らに知ってもらうことだ。一般従業員のことを重要だと思わない幹部は、経営に携わる資格がない。そのような人物には、何がビジネスを動かすのかもまともに分かっていないに違いないのだから。

実際のところ、固定給を得る会社幹部よりも時給労働者のほうが重要になる状況など、いくらでも想像できる。トーマス・ジョーンズは第三部長補佐という高い肩書を持ち、自分のことを取り替えのきかない存在だと思っているかもしれない。しかし私に言わせれば、彼は組立ラインの穿孔職人よりもはるかに容易に置き換えがきく存在に過ぎない。ジョーンズが突然いなくなっても、彼が帰ってくるまで、あるいは代わりが見つかるまで、秘書がうまくやっていくに違いない。いずれにせよ、会社はジョーンズがいなくても問題なく営業を続ける。しかし、もし穿孔機を操縦する者がいなくなれば、よくても生産ラインはスローダウンし、悪ければストップしてしまう。とどのつまり、生産ラインとそこから生まれる製品が何よりも大切なのだ。

自分の責務を理解して受け入れた経営幹部は、あらゆる機会を利用して、自分が部下たちの仕事を高く評価し、彼らを労働者として、そして一人の人間として尊重していることを示そうとするだろう。そして労働者の幸福に心から関心を寄せる。お世辞を言ったり、恩を売ったり、甘やかしたりはしない。しかし、素晴らしい仕事に対する評価を口にしたり、作業員や部署の成果が事業の成功に貢献したことを伝えたりするための時間は必ず確保する。要するに、自分と会社は労働者の存在と彼らの仕事の大切さを意識しているということを、言葉と行動で示すのである。そうすることで、従業員の士気はゆっくりと上昇し、それに伴って作業効率と生産力も上がる。同時に、長期欠勤や離職などといった利益に直結する煩わしい問題が減るに違いない。

優れた経営者は自分の目で労働条件をチェックすることを怠らず、水準以下の項目を見つけたときにはすぐに是正措置を講じる。トイレの洗面台が壊れていても、ささいな問題に見えるかもしれない。しかし、労働者代表が苦情処理班に報告するよりも先に経営側の代表者がそれを修理させれば、労使関係の改善の大きな一歩を踏み出すことになる。

労使関係の問題の多くは、これほど単純に解消できるのである。本項で見てきたように、労働者の欲望や要求を客観的に見つめ直し、その本質を理解すれば、彼らは普段から言われているような、ビジネスを破壊する恐ろしい存在ではないことが明らかになるだろう。彼らが求めていることは、とても小さくて分かりやすい。そのうえ、不自然な部分や不道徳あるいは破壊的な部分などまったくない。労働者の基本的欲求や要望を、油田での格言が端的に言い表している。すなわち、適切な賃金、適切な労働条件、そして尊重だ。

この実証済みの原則を受け入れ、それに従って行動する経営者は、労働者と良好な関係を築き、成功を収め、富を得ることができる。多くの成功した経営者が言うように、労働者とともに生きる方法を知ることは健全な経営の要素なのである。

経営者のピンチ

会社を経営していれば、誰でもいつかは危機や障害に直面し、挫折を経験する。そんなときこそ、逆境に耐えるだけでなくそこから這い上がってくるという意味で、経営者の真価が問われる。ビジネスとは販売、改善、効率を巡る戦いであり、目標はただ一つ、勝つことだ。

私がまだ若かったころ、当時すでにたくさんの持株会社を抱え、のちにアメリカで最も裕福な実業家の一人に数えられることになる男性から貴重なレッスンを学んだ。ある日、シカゴにあるホテルのロビーで、私は数カ月ぶりに彼に出くわした。

一通りの挨拶を済ませたあと、私は彼に調子はどうかと尋ねた。

彼は穏やかに微笑んで言った。「まあ、あまりよくはない。私の会社の一つがライバルに追い詰められているんだ。別の会社は赤字だし……もう一つの会社は今月が期限の短期借入金を返済できそうにない」

「そんな心配事があるのに、ずいぶん落ち着いているな」。驚いた私は言った。明らかな障害に直面しているのに平気な顔をしていられる経営者が存在するという事実が、私には信じがたかった。

その実業家は言った。「何を言っているんだ、ポール、私はまったく心配なんてしていないよ。正直なところ、こういう瞬間が来るのを、今か今かと待ち望んでいたんだ。これまであまりに順調だったからね。ときどき危険な目に遭うほうが経営者として成長できる。たまにこうやってゴミを片づけることほど効果的なトレーニングはないのさ」

のちに聞いたところによると、その友人はわずか六カ月ですべての〝ゴミ〟を片づけたそうだ。彼はほかにもたくさんの会社を所有し、経営していたにもかかわらず、自ら積極的に三つの不安定企業の再編成と活性化に取り組んだのである。

ライバルに追い込まれていた会社を、彼はあっという間に窮地から救い出した。旧製品を改善したことに加えて新製品も開発し、発想豊かで攻撃的な販促キャンペーンを実施することで、形勢を一気に逆転させたのだ。続けて、政策と計画を刷新し、生産コストを減らしながらも出荷数を増やすことで、赤字に陥っていた二つ目の会社を立ち直らせた。借金に苦しんでいた三つ目の会社では債務の借り換えを行い、経営陣を入れ替えた。まもなく会社の財務状況が改善し、利益が安定するようになった。

のちに友人は語った。「確かに、私は問題解決の経験を積んできた。でも何より、私は問題がある状況を楽しんでいるんだ。簡単なものよりも、厳しい戦いに勝つほうが楽しいから」
「逆境は真実への第一歩である」。詩人バイロンが一〇〇年以上前に残した言葉だ。

一七世紀初期には、フランシス・ボーモントとジョン・フレッチャーが「厄災こそ、人間にとって真の試金石である」と書いている。

もちろん、バイロンもボーモントもフレッチャーも経営者ではない。だから彼らの言葉もビジネスを念頭に置いて発せられたものではない。しかし彼らの言葉の真意は、現代に生きる経営者やビジネスの世界で成功したいと願う者にも当てはまる。

機械が完璧に作動しているときは、普段どおりの点検をしておけばいい。同様に、何年も問題なく順調に発展しているビジネスは代理人に運営を任せるだけで十分だろう。そうした企業では、それ以上の能力は必要ない。ただ残念なことに、〝完璧なビジネス〟など存在しない。どのビジネスにも、障害、困難、危機がつきものだ。逆境に直面したときにこそ、経営者の、いや、すべての人間の真価が問われるのである。

では、経営者や経営幹部は逆境に追い込まれたとき、どう行動するのだろうか?

まず、逆境に呑み込まれるまで何もせずにじっと座って待つ者がいる。まるで、車のヘッドライトに驚いて車道で動きを止め、ひかれるのをただ待つウサギのように。そうした者は、流れを変えて大災害を防ぐために自分が何をなすべきかが分からないので、ただじっとしているのである。何がどう間違っていたのかが理解できないまま、荒波に完全に呑み込まれてしまう。

一方では、物事がうまくいかなくなり始めたら、すぐに諦めたり逃げたりする者もいる。そうした者にはバランス感覚が欠けているのだろう。ちょっとした不調やつまずきでさえ避けようのない大災害と捉え、パニックに陥るのだ。最初のグループの人々は戦い方を知らないから戦えない。二つ目のグループは戦うのが怖いから戦わない。

では三つ目はどうかというと、このグループに属する人は逆境に対して不条理なまでにヒステリックに反応する。恐怖におびえながら、牙をむき、噛みつき、でたらめに反撃し、間違った方向にエネルギーを浪費するのである。そして例外なく、〝勝ち目のない戦い〟や〝不運〟を嘆きつつも、それらに打ち勝ったと主張する。そして必ず、苦境に陥った責任を他人になすりつけるのだ。

次のグループは、状況が悪化し始めるやいなや守りの態勢に入り、粘り強く戦う――そして、多くの場合で成功する。直面する脅威にひるまずに立ち向かい、持てる力を存分に発揮して問題を解決する、勇敢で信頼に値する人々だ。しかし、そこまでだ。彼らの意識は、堤防に開いた穴をふさぐことにしか向いていない。このグループの人々は想像力や率先力、あるいは経験が欠けているので、穴が開きにくい強い堤防を新しく築こうとは考えない。

最後は真のリーダーと呼べる経営者のグループだ。彼らは発想が豊かで積極的。攻撃こそ最大の防御であるという古い格言を自らのビジネス哲学に取り入れている。もちろん、いつでも勝てるわけではなく、実際には負けることもあるのだが、世界史をひもといてみても、すべての戦いに勝った将軍など存在しない。

一方、ビジネスと軍事のたとえを続けるなら、たくさんの戦争に勝ち、最高の勝率を誇る将軍は防御だけでなく攻撃にも長けた人物だ。

本当に偉大な将軍は逆境を冷静に観察する。困難な状況は必ず起こるものだと意識しているため、それらに平静を乱されることはない。追い詰められると、部隊が総崩れになるのを防ぎ、巧みな手腕を駆使して整然とした退却軍を編成する。

その結果、味方兵を最小限の被害で敵兵から解放し、人的被害や物的損失を抑えることができるため、のちに部隊を立て直し、反撃の準備を整えることができる。もちろん、退却軍を守るための後方部隊も組織する。後方部隊に被害が発生することは避けられないが、有能な将軍はその事実を冷静に受け入れ、全体を救うためには少数の犠牲は不可欠であると肝に銘じる。

兵士の体力が回復し、人員が補充され、補給物資が届くと、将軍は慎重に計画した反撃を開始する。現状を丁寧に分析し、それまでの戦局から敵の能力や戦い方を見極めたうえで、自分の指揮下にある総力を集結する。陽動や奇襲を行いながら敵陣の弱点へ向けて打撃を繰り出す一方で、ここぞという決定的瞬間のために力を温存するのだ。

有能な将軍と同じように、有能で経験豊富な経営者は、自分がすべての状況をうまく乗り越え、あらゆる戦いに勝てるとは思っていない。遅かれ早かれ、解決の難しい問題に遭遇することを知っている。前進を阻む壁を乗り越えるには、普段以上の時間と努力が必要になる。時には少し後退して、違うルートを探さざるを得ないこともある。退却や損失が避けられなくなるときもある。

熟練した経営者は、会社の発展や経営者としてのキャリアはまっすぐではなく、ギザギザの折れ線になると心得ている。たくさんの頂点と谷間からなる折れ線だ。しかし経験を積めば、そのような上下は気にならなくなる。注目しなければならない大切なポイントは、線の右端、つまり最終点が左端の出発点よりも上にあるか下にあるかだ。

真のビジネスリーダー、いわば本物の〝指導者〟は、劣勢にあるときや窮地に追い込まれたときに本領を発揮する。これこそが、大きな成功を収められないほかの経営者との格の違いなのである。

その例が、三つの大きな問題に同時に遭遇していた私の友人である。彼にはいくつかの選択肢があった。何もせずに、成り行きに身を任せることもできただろう。一つか二つの会社を閉じるか売るかして資金を作り、それを使って残りの会社を立て直すこともできたはずだ。穴だけを埋めて満足するという選択肢もあった。

しかし彼は諦めることも、パニックに陥ることも、応急手当だけで満足することもなかった。有能な将軍のように、状況を徹底的に分析したうえで部隊を再編し、交代と補充を得て、計画を練ったのである。そしてすべてのリソースを集結して、三つの前線すべてで反撃を成功させたのだ。

アメリカの商工業の歴史は、厳しい逆境を容易に大成功に変えた偉大なビジネスリーダーの話であふれかえっている。

ヘンリー・フォードが自動車の製造を始めたのは一九〇三年のことだった。一九〇八年、かの有名なT型フォードを世に送り出し、急成長中のアメリカ自動車市場で大きなシェアを獲得した。

その後、一九二七年までT型の大量生産を続けるのだが、その期間、比較的単純な作りのT型に大きな変化を加えることはほとんどなかった。しかし一九二六年、フォードにとって低価格帯で最大かつ最強のライバルであるシボレーが、より強力で乗りやすくてスタイリッシュな車種の販売を開始した。そのころのフォードはいまだにフットペダルで制御する遊星歯車式のトランスミッションを用いていたが、シボレーはギヤ式トランスミッションを採用していた。また、T型フォードの色はすべて黒で統一されていた一方で、シボレーは魅力的なカラーの車を生産していた。

車を買う人々の好みも変わりつつあった。彼らはスピードと快適さとスタイルのよさを求めたのである。フォードはシボレーに急速にシェアを食われ始めた。シボレーの売上が急増したのに対し、フォードの販売数は危険水位にまで落ち込んだのである。トレンドは明白で、専門家の多くはフォードに挽回のチャンスはないと予想した。彼らは、フォードはこれからも坂を下り続け、そのうち一時期だけ大成功を収めたのちに衰退していった自動車製造業者の一つに数えられることになると考えたのだ。

だが、彼らはヘンリー・フォードの攻撃的な才能を見誤っていたと言えるだろう。フォードは劣勢に立たされていた。窮地に追い込まれていた。しかし、負けてはいなかったし、負けを認めようともしなかった。

一九二七年、ヘンリー・フォードは巨大工場を閉鎖した。新車を発表すると彼が宣言していたにもかかわらず、人々はフォード工場の扉が開くことは二度とない、たとえ再稼働したとしても新型フォードは古くさいT型に表面的な改良を加えただけの失敗作になるに違いない、とうわさした。

ところが一九二七年一二月、フォード・モーター社がA型を市場に投入する。ヘンリー・フォードはエンジニアリング、スタイリング、生産、販売のすべての力を集結して反撃を企て、ライバル社たちを見事に粉砕したのである。

似たような例として、アメリカン・モーターズと精力的な人物だったことで知られる当時の社長ジョージ・ロムニーを挙げることができる。販売低迷と損失の増加に直面していたアメリカン・モーターズとロムニーは、新車「ランブラー」で起死回生の大ヒットを収めた。

一九五二年、シカゴの精肉業者ウィルソン&カンパニー社は七六万三〇〇〇ドルを失った。翌年、ジェームズ・D・クーニーが社長に就任し、彼の部下の言葉によると「会社を上下左右にひっくり返して正しい軌道に乗せた」そうだ。ウィルソン&カンパニー社の一九五九年の収益は九五〇〇万ドルを超えていた。

一九三三年、銀行や銀行家の展望は暗かった。不況が極限にまで進行していたからだ。連邦政府はその年の三月六日を銀行休業日(バンク・ホリデー)に制定した。一九三三年だけで、全国で四〇〇〇を超える銀行が破綻、営業停止、または管財人の管理下に置かれることになったほどだ。

社会全体が目前に迫った大恐慌におびえるなか、あえて銀行事業に乗り出したのがアリゾナのバレー・ナショナル・バンクのウォルター・ビムソンだ。守りに入って融資政策を引き締めるのではなく、ビムソンは資金繰りに困っているアリゾナの人々にどんどん融資したのである。彼の勇気ある積極的な方針と想像力は実を結んだ。その証拠に、一九三三年時点のバレー・ナショナル・バンクの預金高は八〇〇万ドルにも満たなかったが、今のアリゾナ銀行の預金額は七億六五〇〇万ドルを超えている。

一九五九年、トーマス・E・サンダーランドは石油事業からフルーツ事業へ転身し、ユナイテッド・フルーツという大企業の社長職に就いた。二流の経営者なら怖がって近づこうともしない業種だ。サンダーランドが社長になったときのユナイテッド・フルーツ社には成長が見込める要素は皆無に等しかった。その八年前の一九五一年における同社の利益は五〇〇〇万ドルを超えていたが、その後、利益が毎年減り続け、一九五九年には一二〇〇万ドル、一九六〇年には三〇〇万ドルにまで低下した。

だがまもなく、トーマス・サンダーランドは自分がほかのどのエリート経営者よりも格上の存在であることを証明してみせた。サンダーランドは巨大な会社を上から下まで徹底的に刷新した。自信と情熱を持って、ユナイテッド・フルーツ社の収益を奪っているすべての原因に対して大規模な反撃を開始したのだ。人員を整理し、政策を見直し、方法を改め、コストを減らし、効率を上げた。そして記録的な速さで目を見張る成果を上げたのである。一九六一年時点で、ユナイテッド・フルーツ社の第2四半期利益が六五〇万ドルを超えた。一時は一七・二五にまで落ち込んでいた株価も、一九六二年の一月には二七・三七五にまで上昇していた。

アメリカの実業界に詳しい者なら、ここで私が紹介したのと同じような例を数多く知っていることだろう。それらはどれも、トップクラスの経営者には窮地に立たされても逆境や目前の破滅をひっくり返し、成功を収める力があることを証明している。

私自身も逆境にさらされたり、後退を余儀なくされたりしたことがある。大金を注ぎ込んで穴を掘ったのに砂しか出てこなかったケースも、一度や二度ではない。油井から石油が出なくなったり、爆発炎上したりして財産を失ったこともある。しかしその都度、そうした不運を頭で理解して受け入れ、さらなる前進に活かすことを学んだ。ビジネスには不運のたびに気を落として歩みを止める余裕などないことに気づいたからだ。実際に、私にはすべての障害が次の機会にもっと努力して再試行するための特別な刺激だと思えた。

私はほかにもたくさんの困難な試行錯誤を繰り返してきた。例えば一九二一年には、それまで一バレルあたり三・五〇ドルだった原油価格がわずか一〇日のうちに一・七五ドルにまで急落したことがあった。その後もしばらく原油価格は下がり続けた。そのせいで、私が主要株主だった会社の一つが厳しい資金難にさらされていた。

私がその会社の役員会に赴いたとき、会社役員の数人はすでにパニックに陥っていた。だがありがたいことに、残りの役員は冷静で、客観的に事態を把握できていたので、会社を閉めるという案は即座に否決された。代わりに節約案が採決され、加えて取締役は事業の継続に必要な資金を調達することにも同意した。さらに彼らは、危機が去るまで自分たちの報酬を極限まで切り詰めること、および管理職の給与を減らすことも認めた。そのうち、石油市場は安定を取り戻し始める。そして状況が正常に戻ったとき、取締役と経営陣は野心的な計画を実行に移し、会社の売上と利益を短期間で大幅に増やすことに成功したのである。

もう一つ、忘れられない思い出がある。私が仲間と協力してある大企業の支配権を得ようとしていたときのことだ。その会社の現職取締役たちは皆とても深く会社に根付いていて、私たちに激しく抵抗した。しかも、私たちの資金は相手会社のそれよりも少なかった。それでも私たちは諦めることをせず、戦いは決着がつかないまま長期にわたった。

しかしある日、相手側は私が同社の株を購入したことで資金がほぼ底をつき、それ以上の株式購入が不可能であることに気づいた。私の手元にもまだその会社を支配できるほどの株式は集まっていない。自分たちが優位に立ったと感じた現職取締役は戦略を変え、勝敗を株主の手に委ねる決断をする。

つまり、委任状争奪戦を挑んできたのだ。騎士道精神のつもりだったのだろうか、相手は我々にある種の〝紳士協定〟を提案した。委任状争奪戦がルール無用の壮絶な争いに発展すれば会社の名声が傷ついてしまう。そうなるのを避けるために、各サイドとも理路整然とした手紙の一通だけを委任状要求の手段とする。これが紳士協定の中身だった。二通の手紙（一通は私サイドに、一通は現職取締役に委任状を与えるよう促す内容）が同じ封筒に入れられ、各株主のもとに届けられた。つまり、株主は両サイドの言い分をよく理解してから、どちらのほうが会社を支配するのに適しているか選ぶことができる、ということになる。

私たちはその紳士的な申し出をためらいなく受け入れ、手紙を書き、コピーした。それが相手の手紙とともに発送されたとき、私はやるべきことはすべてやった、結果をよくするためにほかにできることは何もない、と考えていた。

ところが株主総会の数日前、私の側近の一人が血相を変えてオフィスに飛び込んできたではないか。顔は怒りに赤く染まり、手には紙切れを握りしめている。

「これを読んでください！」。彼は私に紙を押しつけてきた。手に取ると、それは相手側が株主宛に一日か二日前に書いた手紙だった。つまり彼らは追加の手紙を送っていたのである。しかもその内容はひどいものだった！

そのでたらめな手紙に書かれていたのは私に対する個人攻撃で、私がその会社を支配しようとしているのは、控えめに言っても、いかがわしい動機からだと、根も葉もない不快な言葉が並べられていた。私はすぐに部下たちを集め、反撃作戦会議を開いた。この期に及んで何ができる？　できることはあまり多くないと言って、幹部たちは肩を落とした。とにかく時間がなかった。

一人の男が諦めたように頭を振った。「私たちの負けですよ、ポール。この手紙に書かれているのは何一つ真実ではない。でも株主たちを動揺させるには十分だ。ここに書かれていることが本当かどうか確かめる手段がないのだから、彼らは安全策をとって相手側に委任状を渡すでしょう」

「本当に負けだと思うか？」。私は部屋にいる男たちを見回して言った。数名がうなずいている。しかし、まだ負けを認めていない表情もいくつかあった。それほど簡単に敗北を認めることはできないと、彼らは主張した。

そのうちの一人が叫んだ。「ばかばかしい！　まだチャンスはある！」

私も同意した。「そのとおりだ。さあ、仕事だ」

目前に時間切れが迫っているなか、私たちは大急ぎで二通目の手紙を書いた。しかしそこには相手に対する中傷ではなく、相手がしてきた主張や攻撃を否定する事実と数字を並べた。

二日間徹夜で作業して、秘書、事務員、タイピスト、管理職員、幹部、そして私は、手紙をコピーし、数千人の株主の住所を書き、手紙を折って封筒に入れ、封をして切手を貼ったのである。このものすごい仕事量をこなしたのち、メンバーが疲れ切った体で手紙の束を持って近くの郵便局へ向かった。

手紙は株主総会の前に届くだろうか？　私たちにできることは、祈りながら数日後に総会が開かれるのを待つばかりだった。しかし、そこまで待つ必要はなかった。二通目の手紙に対する株主の反応が、総会の二日前に驚くほどたくさん返ってきたのだ。

「うまくいくかもしれない」。側近の一人が言った。そして、実際にうまくいった。株主たちは、相手方のなりふり構わない無責任な個人攻撃よりも、分かりやすい言葉で平易に書かれた事実のほうを、より説得力があるとみなしたのである。現職取締役にはショックだったことに――もちろん、私たちにとってはうれしいことに――株主総会は私たちの圧勝に終わった。

数年前、私は再び大惨事につながりかねない深刻な難局に直面していた。私が株式の大部分を所有していたある会社が採掘権を持つ中東地域で探査と試掘を行ったところ、その土地から膨大な量の原油を採掘できることが分かった。ところが運の悪いことに、さまざまな要因や制限が絡まり合い、産出できる原油のごく一部しかアメリカに輸入できない。

どう考えてみても、展望は暗かった。まもなく採掘が始まり、中東の地下から大量の原油が汲み上げられる。だから早く手を打たないと、そのほとんどが無駄になってしまう。とどのつまり、原油は素材でしかない。市場に送り出すには、精製して製品の形にしなければならない。

時間が経つにつれ、生産を始めた油井が増えていった。人々は、私がまもなく泥沼にはまり這い上がれなくなるだろうと予言した。採掘権獲得、探査、採掘などに大金を費やした会社は、売るあてのない原油の海に沈むだろう、と。ポール・ゲティはもうすぐ危機的な財政難に陥るに違いないと、うれしそうに語る人も多かった。

実際のところ、状況は思わしくなかったことは確かだが、八方塞がりと呼べるほどひどいものでもなかった。ゲティ財閥はまもなく原油の海に沈むと予言した人たちは悔しかっただろうが、私たちは新たな販売経路を見つけたのである。いや、実際には新しい販路を〝作った〟と言うほうが正確だろう。アメリカへ原油を運んで精製・販売ができないのなら、たとえ新しく精製所を買収したり建設したりしなければならないとしても、どこかほかの国へ運べばいいではないか。そして実際に、私たちはイタリアで新築と呼べるほど新しい精製所を買収し、さらにデンマークでは新たに建造もした。ほかにもいろいろな場所で精製所を買い上げた。その当然の結果として、ゲティ財閥はさらに多くの原油を中東や世界各地で産出できるようになったのである。

ここで紹介した試練をはじめとするさまざまな経験が私に、向かい風にさらされて将来が真っ暗闇に見えるときこそ、経営者はよく考えて全力で戦わなければならないことを教えてくれた。最悪中の最悪と思われる状況ですら、会社の、株主の、そして自分自身の利益に変えることができる。

ストレスにさらされているときも、難局に直面したときにも、平静さを失わない能力を身につけた者が、成功するビジネスマン、すなわち真のビジネスリーダーになれる。若い経営者は、この能力や私がこれまで紹介してきた関連能力を身につけるよう努力すべきだ。早ければ早いほうがいい。そのうち必ず逆境に遭遇するときが来るのだから。初めて直面した厳しい状況にどう対処するかで、その後のキャリアにおけるパターンのようなものが決まることが多い。

難局に陥った経営者の一人ひとりに、何をすべきで何をすべきでないと、事細かなアドバイスを与えるのは不可能だ。状況はそれぞれ大きく異なっているのだから。しかし、多くのケースで逆境を跳ね返し、成功に変える助けになる一般原則のようなものは存在する。

一．何が起こってもパニックに陥らない。パニック状態にある者は効果的に考えたり行動したりすることができない。ビジネスにある程度のトラブルはつきものなのだから、遭遇したときには穏やかな気持ちで対処しよう。

二．難局にはまり込んだとき、いったん撤退するのは悪いアイデアではない。状況を客観的に見つめて評価できるまで距離を取るのである。

三．雲行きが怪しくなり始めたとき、重要度の低いものやなくてもやっていける何かを切り捨てることが有効あるいは不可欠な場合がある。しかし、それはあくまで戦術的撤退であり、退却範囲は必要最小限にとどめる。無秩序な後退をしてはならない。

四．状況に含まれるあらゆる要素を細心の注意を払って吟味する。選択できる行動を一つ残らず検討し、リソースのすべてを（アイデアという意味でも財政的にも）創造的かつ現実的に整理する。

五．反撃は細心の注意を払って計画すること。その際、不測の事態が生じたときに別の進路を取る余裕も忘れてはならない。使えるリソースにふさわしい反撃計画を立て、達成可能だと思える目標を設定する。ただし、反撃が完璧に成功した場合は勢いがつき、当初計画されていたよりも遠くまで進軍できることも多い。

六．すべての準備が整ったら、自信と目的意識を持って攻撃的に、そして何より情熱的に行動を開始しよう。ためらってはならない。今こそリーダーの気持ち、人格、そしてエネルギーが試されるときなのだから。

逆境に遭遇したときにこれらの原則に従って行動する経営者は、若いか若くないかを問わず、すぐに窮地から脱出できるだろう。

〝不可能〟について

優れた判断と発想豊かな先見性。この二つがうまく組み合わされば〝不可能〟を可能にすることができる。大衆が不可能だと考えることが実は可能であると証明する覚悟を決めたときに頼りにすべきは、健全な疑い深さと自分の考えに対する自信という二つの貴重な資質だ。たとえ目標達成が〝不可能〟だと思えても、経営陣は知識に裏付けられた合理的な判断を下し、前進する能力を身につけなければならない。

最近、私はある所有会社の最高幹部の一人に辞職を求めざるを得ない状況に追い込まれていた。彼は頭がよくて仕事熱心なベテランだったのだが、キャリアにとっては致命的な弱点を一つだけ持っていた。その弱点が、そのうち会社にとっても致命的になると思えたのである。彼は物事の大小にかかわらず、可能なことと不可能なことの区別ができなかったのだ。

だから、不可能だと考えてしかるべきことに手を出し、大きな損失を出すことが多かった。

また、任務や計画の実行にかかる時間をあまりにも楽観的に（それどころか、まったく非現実的に）見積もる傾向もあった。できもしないことを、彼は「はい、できます」と言ってあっさりと保証するのだ。本来なら三週間ほどかかりそうな仕事を、そうと知りながら「三日後までに終わらせます」などと自信ありげに言うのである。

そういう約束をして他人に強い印象を残したいという衝動があったのかもしれない。それとも、ある種の知的誇大妄想を患っていたのだろうか。あるいは不可能を可能にする奇跡的な幸運でもあてにしていたのか。そう思えるほど、彼はよく考えずに約束をする癖があった。理由はともかく、彼は次第に自分自身を、そして彼の部下や上司を、実現不可能な計画、未処理の仕事、注文のキャンセル、不完全なプログラムの泥沼に引きずり込んでいった。最後はそれらが放棄され、会社に損失をもたらしたのである。

この幹部が可能と不可能の間に線引きができなかったおかげで、会社は混乱に陥り、顧客離れが進んだ。しかも、下手な言い訳や芝居では自分のミスを隠し通せないということに気づいてもいなかった。これも彼の致命的な欠陥だったと言える。重職に就く能力がないことがすでに明らかになっていたのに、仕事を失うまいと、彼は言い訳と芝居という無駄な努力を続けた。

私の記憶では、最初に「不可能なものは何もない」と言ったのはラ・ロシュフコーだったと思う。私が思うに、この言葉はまったくのナンセンスであり、きっぱりと否定したい。ラ・ロシュフコーもそう考えたようで、のちにこう言い換えている。「それ自体不可能な事柄はほとんどない」

この修正された格言にも、私は完全には納得していないのだが、ここではラ・ロシュフコー侯爵の考えを非難するよりも、「ほとんどない」という言葉の意味の捉え方に注目したい。ラ・ロシュフコーは深遠なレベルの事象を念頭に入れてこの言葉を用いた。一方、私が考えるのは日常、特にビジネスにおける厳しい現実のことだ。

この意味において、私はビジネスの世界にはたくさんの〝不可能〟があり、人は頻繁にそれに遭遇すると考えている。実際、そのように経験してきた。私は、自分が置かれている状況をあらゆる側面から評価して、何ができて何ができないかを見極める力、つまり可能と不可能を区別する能力は、経営に携わる者が持つべき最も貴重な資質の一つだと確信している。この資質が生まれつき備わっている者などほとんどいない。しかし、身につけることは可能だ。この力があれば、成功する可能性はぐっと上がる。それがなければ、ある程度の成功で満足するか、破滅するしかない。実力があるのに、いやそれどころか偉大な才能を持ちながら、この能力がないばかりに没落していった者も多い。

ユリウス・カエサルとアウグストゥス・カエサルを比較すると、基本的にユリウスのほうが有能で多才だったことが分かる。しかしユリウスには可能と不可能を選別する判断力やバランス感覚が欠けていたため、最後は失脚して殺されたのである。

一方のアウグストゥスは、何が実現可能なのかを知ったうえで目標を立て、行動を起こし、実現した。その結果として、彼はユリウスよりもはるかに長く国を統治し、建設的で後世にも影響を与えた業績を残したのだ。

ナポレオン・ボナパルトも有能ながらも、不可能を悟る能力のなさによって破滅に導かれた人物だ。ナポレオンもユリウス・カエサルと同じようにバランス感覚が欠けていた。その証拠が彼の無謀なロシア遠征である。完全な誇大妄想に陥っていたナポレオンは、ロシアまでの距離も気候も、国内における自らの立場の弱さも無視した。それらはどれも、東へ向けて進軍を開始する前から、遠征が不可能であることを示していたにもかかわらず、だ。

今の時代、可能と不可能の区別ができなかったからといって、役員会議室でほかの取締役に刺し殺されることはない。少なくとも、文字通り殺されることはない。南大西洋のどこかに島流しにされることもない（たまたまその会社が南大西洋に工場や支店を構えていないかぎりは）。しかしながら、ビジネスキャリアにおいて自分にできないことをする者は必ず痛い目に遭うだろう。

しかし、その逆も同じことが言える。〝不可能〟とは、とてもやっかいな問題なのだ。一見したところ対処不能と思える障害に満ちた状況のなかに、〝可能〟のきらめきを見つける者が、最大限の報酬を得ることになる。それを証明する例は簡単に見つけられる。

一九二〇年代、独学でエンジニアリングを学んだロバート・G・ルトゥルノーが巨大な土木機械のアイデアを披露したとき、人々はそれを実現不可能な夢物語だとみなした。しかしルトゥルノーは、批判者が「利用価値なし」と予言した機械を実際に作ることができると確信していた。そして実際に巨大な機械を作っただけでなく、アメリカで最大の土木機械を作る会社も立ち上げたのである。まさに重工業界の革命だった。

一九五三年に六五歳になったとき、ルトゥルノーは自分の事業をウェスティングハウス・エア・ブレーキ社に売却した。売値は三一〇〇万ドルだったと言われている。その際、彼は、五年間は土木機械の製造に携わらないことに同意した。加えて、高齢だったうえに財産のほとんどを慈善団体に寄付したので、彼がそのうちビジネスに戻ってくるとは誰も思っていなかった。しかし、ルトゥルノーは予想を見事に裏切った。一九五九年、七一歳という高齢で、彼はビジネスに復帰したのである。電気で動く移動式のオフショア石油掘削プラットフォームを作ったのだ。それは専門家たちが「誰にも作れないし、作れたとしてもうまく機能しない」と主張していた、まさに革命的なプラットフォームだった。最新の資料によると、ロバート・ルトゥルノーの年間売上は一〇〇〇万ドルに近い数字だそうだ。

わずかではあるが、一九三三年の大恐慌時代をチャンスとみなして新事業を立ち上げた者もいる。その一人がまだ若かったJ・A・ライダーで、彼は新事業を興しても失敗に終わるという悲観論者の言葉に耳を貸さなかった。ライダーは一五五ドルの〝資産〟のうち一二五ドルを使って中古のトラックを買い、ビジネスを始めた。彼には最悪の時代と状況のなかに可能性を見いだす神秘的な力が備わっていたに違いない。それから二五年をかけて、ライダーはトラックの帝国を築き上げ、八五〇〇万ドルを超える年間総収益を計上している。
ヨーロッパでの戦争が終わりに近づいていたころ、メルビン・J・デビッド中尉は数日間前線を離れ、ベルギーの保養所にいた。ある日の午後、彼はベルギーの村人が金属のワイヤーを熱心に曲げたり溶接したりしているのを見た。彼らは近くの戦場から拾ってきたワイヤーと連合軍の軍需品集積場で手に入れた不要品を使ってランプの土台やスタンドなどの日用品や装飾品を作っていたのである。

それを見たデビッドにあるアイデアが浮かんだ。ワイヤーを使えば、さまざまな産業品や消費財を大量生産できるのではないか？　一年後、軍の任務を解かれたデビッドは南カリフォルニアへ向かい、自分のアイデアを実現する方法を模索し始めた。しかし人々は彼のアイデアを非現実で実現不可能だと言って突っぱねた。そこで彼は、一五〇〇ドルというわずかな財産を投じて、自分で機械を作り、事業を始めたのである。デビッドが創業したメルコ・ワイヤー・プロダクツ社は大成功を収めた。現在、同社は女性用水着の胸部補強材からジェット機用の重要部品まで、ありとあらゆるものをワイヤーで作っている。

ほかの者が不可能とみなすものに可能性を見いだせる経営者は多大な成功を収めることができる。アメリカの歴史がそれを何度も証明している。そのようなときにこそ、最高の発明や最大の発展が生まれ、最大限の成功と富が得られるのである。

私も一九四〇年に、一見したところ〝不可能〟な状況に遭遇した。巻き込まれた、と言うほうが正確かもしれない。私はいとこの故ハル・シーモアと休暇旅行でメキシコを訪れ、アカプルコにたどり着いた。気候、風景、そして海のすべてが心地よく、泳ぐのが好きだったこともあり、私たちはそこにしばらく滞在することにした。

ある日、偶然出会った旅行者が「世界でいちばんきれいな海岸」を見つけたと、興奮した表情で私に話し、あなたも見たくないかと尋ねてくる。その場所へ行くには二五キロほど熱帯雨林をトラックで進まなければならないと聞いたとき、さすがに躊躇してしまったが、私はそれでも申し出に乗ることにした。古いトラックの狭い助手席に乗り込むと、トラックは上下左右に揺れながら、まるでブロントザウルスが踏みしめて以来一度も使われたことがないのではないかと思えるほどの悪路を突き進んでいった。

しかし、移動による乗り物酔いと体の痛みを、レボルカデロ・ビーチの眺めが一瞬で癒してくれた。旅行者が言ったことは嘘ではなかった。そこは本当に世界でいちばん美しい砂浜だったのだ。その後、何度かその場所を訪れたあと、私はその土地の数百ヤードを購入し、高級リゾートホテルを建てることに決めた。

私を知る人の多くは普段からたいていのことに否定的なのだが、私がレボルカデロ・ビーチで土地を買ってホテルを建てると宣言したときの反応は全員がまったく同じだった。

「できっこない！」

彼らはたくさんの理由を挙げて私の案に反対した。実際、彼らの言い分は一見したところ正しかった。私が買おうとしている土地はまったくの未開発地で、整地するだけでもかなりの費用がかかるに違いない。道路もなければ水道も電気も通っていない。新しく作るのだから、膨大な出費になる。レボルカデロ・ビーチは無名だし、観光ルートからも外れている。〝おしゃれ〟な場所にない高級リゾートホテルに人々は金を落とそうとはしないだろう。私が想定しているタイプのリゾートには、船の発着場やヨットハーバーが欠かせない。海の砂をさらってそれらを作るのにもかなりの費用がかかる。ヨーロッパで戦争が始まったこの時期に、外国でそのような投資をするのは無謀だ……。

このように、反対理由は尽きなかった。その都度、中身は異なっているが、言いたいことはただ一つ。「不可能だ！」だ。

しかし、私は可能だと思っていた、いや、知っていた。整備するだけで、土地の価値が上がる。レボルカデロ・ビーチの自然の美しさに私がイメージするとおりのホテルが加われば、この場所は〝おしゃれ〟なリゾート地になる。手つかずの地にホテルを建てるには余分な費用がかかることは確かだが、それはメキシコの労働力と資材の安さが部分的に相殺してくれるだろう。これらやほかの考えを総合して、私は決断を下した。その土地を買ったのである。その後まもなく真珠湾が攻撃され、アメリカは第二次世界大戦に突入した。その期間、私のレボルカデロ・ビーチ計画は棚上げになった。

一九五六年、レボルカデロ・ビーチにようやくホテル・ピエール・マルケスがオープンした。

そして、高級リゾートホテルは私の予想と希望以上の成功を収め、〝不可能〟と思われる計画も一〇〇パーセント実現が可能であった例の一つになった。この前にも後にも、同じようなケースは大小含めてたくさんある。

一九二〇年代、掘削装置の先端に取り付けられるドリルビットは地中で外れることがあり、とてもやっかいで金のかかる問題だった。数日、時には数週間もビットを釣り上げる作業が続く。作業中はさらに深く掘ることもできないので出費ばかりが増えるだけでなく、その場所にあった石油を近くの油井に汲み尽くされる恐れもあった。

当時、外れたビットを救う手段としては〝釣り〟しか知られておらず、ほかの方法は考案されていなかった。一九二七年、私が株主を務めるある会社がカリフォルニア州サンタ・フェ・スプリングズの採掘現場でビットを失った。作業員たちはビットを釣るために数週間を費やしたが、うまくいかない。ほかに何かいい方法がないかと考えながら、私は近所の墓地脇にある石切場へ向かって、そこで二メートル近くある棒状の花崗岩を買い、先端を鋭くカットした。そして掘削現場に戻り、作業員たちにそれを穴に投げ入れさせた。

この単純な実験が功を奏した。重い花崗岩が当たったせいで、ビットが軌道から外れたのだ。その日以来、同じような状況で花崗岩の槍が使われることが増え、その効果が証明されている。石油業界はそれを「ポール・ゲティ・スペシャル」と名付けた。

一九四〇年代、油田で水平の穴を掘るのは不可能だと考えられていた。しかし、私は自由に曲げることができるチューブと汚水ポンプを利用した最新技術を使えば可能だと感じていた。第二次世界大戦が終わってすぐ、私は自分の土地で実験を繰り返した。

実験を通じて改善を続けていくうちに、その技術は十分に実用的で効果的であることが分かった。結果、現在では水平掘削が一般的な作業とみなされている。かつては困難で費用もかかった問題が、今では簡単に、そして経済的に解決されるようになった。

比較的最近の一九五七年まで、石油産業の専門家の多くが自動石油精製施設を作るのは不可能だとみなしていた。しかしその年、タイドウオーター社がデラウェア州に自動製油施設を建設した。その円滑な稼働と効率の良さには、施設の設計者さえ舌を巻いている。

最近、さまざまな〝情報通〟が、オイルタンカー市場はすでに飽和しており、タンカー船団を黒字運営するのは不可能になったと主張している。しかしゲティ財閥はタンカーの大船団を維持しているし、そこからかなりの利益を得るのはまだ可能だと考えている。いくつかの巨大タンカーを追加注文したほどだ。

私が知るトップ経営者は例外なく、ほかの者たちが不可能だと言って拒絶したり無視したりした何かを実現することで、成功の階段を一気に登り詰めた。この文脈で強調しておきたいことは、彼らには〝たいてい〟の場合で不可能なことを見極める力があり、それらには決して手を出さなかったため、大きく後退することがなかった、という事実である。ここで〝たいてい〟と強調したのは、人間は誰でもミスをすることがあるからだ。誰も完璧ではない。

かく言う私も、石油が見つかると信じて何千フィートも地面に穴を掘り、結局何も出てこなかったという経験を何度もしてきた。この場所で石油を見つけるのは不可能だ、と考えて採掘権を売り払ったところ、次に権利を得た誰かが石油を掘り当てたという知らせを聞いたことも、一度や二度ではない。

襟付きのシャツを着ることが多くなった今となっては思い出せないほど、私はたくさんのミスや誤算をしてきた。打率一〇割のバッターなどいない。もしそんな選手がいたなら、野球はスポーツではなくなる。同じように、もしいつも正しい決断を下せる経営者がいるなら、ビジネスはビジネスでなくなってしまうのではないだろうか？

私が言いたいのは、成功する経営者は可能と不可能の見極めに失敗することよりも成功することのほうが多いということだ。経験を積んだ経営者は、当てずっぽうな判断を下さない。同じように、直感や霊感を頼りにすることもない。可能か不可能か、それを決めるのは慎重かつ十分な検討と考察だ。

実現できるかできないかの判断を下すときに役に立つお決まりのルールや絶対確実な公式など存在しない。もしそれがあるのなら、誰も悩む必要などないだろう。しかしながら、あらゆる経営上の判断をする際に検討・考慮されるべき論理的で秩序だった方法は存在する。それを使えば、失敗するリスクがぐっと減る方法が。

不可能か可能かのやっかいな問題に直面したとき、熟練した経営者は自分の考えを整理し、状況を細心の注意を払って徹底的に分析する。その際、一連の疑問を自分自身に投げかけるのだが、なかでも重要なのは次の問いだ。

- 今の〝正確〟な状況、前提、問題は何？
- 何がかかっている？　コストは？　会社が見込める利益と耐えられる損失の最小と最大は？
- 前例はあるだろうか？　もしあるなら、それを今回のケースに応用できるだろうか？
- ほかの関係者（買い手、売り手、ブローカー、ライバル、顧客など）における利益と損失は？
- もし計画を推し進めるなら、その際に会社が直面することが分かっている障害や困難はどういったものか？　どうすればそれらを克服できるだろうか？
- ほかに起こりうる問題はあるだろうか？　もしあるなら、それらに対処するためにどのようなリソースと手段が必要になるだろう？
- 事実の〝すべて〟が明らかになっているだろうか？　それとも、まだ隠れた落とし穴があるだろうか？
- もし計画を実行することに決めたなら、目標を達成するまでにどれぐらいの期間が必要だろう？

- それと同じだけの時間と努力をほかのことに費やせば、会社はどれぐらいの利益を得ることができるだろうか？
- 担当者は課題に取り組むだけの能力があるか？　信頼できるか？

経営者はこれらの疑問に答えを見つけたうえで、計画を可能か不可能かの天秤に乗せるのである。天秤が一方に大きく傾いたときは、選択は容易だ。しかし、天秤がプラスにもマイナスにも傾かないときは、経営者が自らの判断力とバランス感覚を、さらに〝直感〟すら頼りにして決断を下すのである。

ある事業が実行できるか疑わしいとき、ベテランの経営者はこれらの項目を自動的にチェックするが、まだ新米の若い経営者は紙と鉛筆を持って座り、疑問を書き出して物事の是非をよく考えたうえで答えを出すのがいいだろう。まだ経験が浅いうちは、問題項目のプラス面とマイナス面を書き出し、白黒はっきりさせたほうが、自分の考えをまとめやすいし、時にはまったく違う新しい考え方ができるようになることもある。そうすることで、全体を構成するすべての要素の損得、見込める報酬、潜む危険などの詳細なリストができあがるのである。

全体像を見ることで新米でも、それまで見えていなかった、あるいは検討したことがなかったもの、つまりさまざまな角度や側面、弱点や強み、目的を達成するに適した手段やその代わりになる方法、成功の可能性や落とし穴などが見えるようになる。すべての要素を把握すれば、チェスをするように手持ちの駒と敵の駒を比較し、戦略と戦術を立て、敵の動きを読めるようになるだろう。

ここではチェスのたとえを続けることにしよう。チェスのプレーヤーのように、どの動きをすれば相手の駒を〝奪う〟ことができるか、自分の駒を〝失う〟ことになるかを予測できるのが優れた経営者あるいは管理者である。そのような者は、特定の策や攻撃が自分の役に立つか、それとも相手に利をもたらすか、合理的に予想できる。しかし状況はどうであれ、最後には判断を下す必要がある。可能か不可能か？　駒を動かすか、犠牲にするか、それとも試合を放棄するするか？

ビジネスもチェスと同じように、最終決断は最も有用な要素である「個人の判断力」に例外なく左右される。

可能か？　それとも不可能か？　それは、あなたが決断することなのだ。

第三章

成功しない人の条件

消えゆくアメリカ人

最近、私はロンドンでさまざまなグループに属する友人や知人を招いて食事会を開いた。ゲストのなかには、数年前から付き合いのある辛口の社会主義者も含まれていた。テーブルを囲む人々の当たり障りのない会話が途切れたとき、その社会主義者がここぞとばかりに口を開き、自分の政治信条を独り言のように話し始めた。かなり左寄りの内容だった。

のちになって、どうしても我慢できなくなったのか、ゲストの一人だった休暇中のアメリカ人経営者が私に尋ねた。〝資本家のトップ〟に立つ私がなぜあのような分別のない過激主義者がディナーに同席するのを許すのか、と。

「あんなに危険な意見を口にする人物がそばにいて怖くないのか？」と彼は言うのである。

私はすました顔をして、イギリスでは社会主義が完全に尊重されていると説明し、女王がバッキンガム宮殿に社会主義者たちを招待することもあるという事実を、そのアメリカ人に分からせようとした。

私は心配するアメリカ人に、イギリス人社会主義者が私たちに話した主張はまったく危険なものではないと断言した。さらに、私の信条は熱狂的社会主義者の一〇分間のおしゃべりで揺らいだり打ち砕かれたりするほどやわな土台の上には立っていない、とも付け加えた。

しかし、私の言葉にアメリカ人経営者はあまり納得しなかったようだ。おそらく彼は、少なくとも私が破壊的な異端思想に毒されている、最悪の場合は私がすでに彼の恐れる穏健社会主義者に変わってしまった、と考えていただろう。昨今、自分なりの考え、ユーモア感覚、あるいはフェアプレー精神といったものを不幸にも忘れてしまったと思われるアメリカ人の数があまりにも多い。彼も明らかにそのような人物の一人だった。彼らは異なる考えを聞くと、それをすぐに背信行為とみなす傾向がある。彼らは既存の社会、経済、政治に対する批判をおしなべて扇動的あるいは反社会的と理解するのである。

私は穏健な社会主義者でも、そのほかの種類の左翼でもない。言うまでもなく、私は政府が産業を所有することに断固として反対しているし、自由企業体制の熱心な代弁者として活動もしている。自分でも、私が社会主義体制下で快適に生きていけるとは想像できない。社会主義政府が私のような存在を容認するとも思えない。

ここで政治にまつわる話を紹介したのは、私が現代のアメリカ社会で観察したある症状を明らかにするためであり、他意はない。それは、少なくとも私には、不快で嘆かわしく、本当に危険だと思える症状なのだ。私がここで指摘しているのは、アメリカ人が批判に耳を貸さなくなってきていること、そして異なる意見や不満や批判を口にする者――数こそ少なくなっているが、いまだに存在する――を非難する傾向が強まっていることの二点である。

ここではっきりとさせておくが、私は人々の行動、道徳観、制度などに何らかの変化を引き起こそうとする特定のイデオロギー、政党、思想などには一切加担していない。私は改革者でも、社会活動家でも、社会哲学者でも、政治経済理論家でもない。しかし、今の社会が最高であり、これ以上のものはかつて存在したことも、今後存在することもない、という考えを否定するだけの現実性は持ち合わせている。〝現状〟は永遠に続くべき完璧なものであり、決して疑問を口にしたり改善を求めたりしてはならない、という考え方は自己満足につながり、社会を停滞させ、最後には崩壊させてしまうだろう。どこにも悪いものはない、と思い込むのは危険なことだ。なぜなら、多かれ少なかれ、どこかに必ず悪い部分があるのだから。個人も社会も、完璧を目指して努力することはできる。しかし、本当に完璧な状態に到達することはおそらくない。

どんな社会にも、異なる考えを持つ者が誤りを指摘する余地がある。そのような人物は疑問を抱き、厳しい目を向ける。だから、自己満足に陥った隣人たちが気づかないような欠陥、弱点、乱用なども見つけられるのだ。そうした反対論者は差し迫った風向きの変化にとても敏感でもある。したがって、避けようのない事柄の予言者として、人々がまだ自発的に対処できるうちに行動や変化を呼びかけるのも、多くの場合で彼らなのだ。

イーダ・ターベル、リンカーン・シュテフェンズ、ウィリアム・アレン・ホワイト、H・L・メンケンなどといった著名なアメリカ人反対論者は、同時代の人々から醜聞ジャーナリスト、あるいはもっとひどいレッテルを貼られてきた。しかし、人々は彼らの声に耳を閉ざさなかった。誰も彼らを真剣に口封じしようとはしなかったし、彼らの考えにさらされることに恐れを抱かなかった。彼らの激しい非難や暴露、あるいは厳しい指摘が、不可欠な変化や改善を促し、社会にとって大いに役立ったのである。この事実は、現代で最も時代遅れの保守層も認めざるを得ないだろう。

しかも、もし反対論者が偽りの予言者であり、彼らの叫ぶ危機や問題が生じなかったとしても、社会にとって重要で貴重な仕事をしてくれたことになる。彼らは生活にスパイスと活気と励ましを与えてくれるのだ。確かに、反対論者は論争を巻き起こす。しかし、彼らに発言が許され、彼らの声が聞き入れられ、それに対する回答がなされるとき、ほかの人々の想像力も活気づくのである。

以前、アメリカには断固として自分の考えを貫く反対論者が数多く存在した。彼らは少数派に対しても多数派に対しても、異議を唱えることにためらわなかった。とげのある言葉で重要な疑問を投げかけ、堂々と自分の意見を主張した。たとえ、その主張がどれほど反発を呼ぶことになっても。しかし今では、反対意見の声はほぼ死に絶え、ほとんど聞き取れないほどのささやきに変わってしまった。現在、反対論者は絶滅しつつある。彼らは臆病で骨抜きになり、「針の先で何人の天使が踊れるか」と結論の出ない問題を議論し続けた中世のエセ学者のパロディのような存在に成り下がっている。

現代の反対論者は取るに足らないささいな問題にばかり関心を向け、エネルギーを費やしている。イーダ・ターベルやH・L・メンケンらが要塞に正面攻撃を仕掛けていたとするなら、今の反対論者はトランプで作った家を遠くから狙撃しているようなものだと言える。れっきとした知識人と呼ばれる人たちが、地方郵便局の壁の絵が持つ芸術的な意義と政治的な背景などといったばかばかしい問題について、延々と議論を続けている。そのかたわらで、大衆は特定の利害グループ、圧力団体、組織化されたプロパガンダ機関が仕組んだ明らかな嘘にだまされ、人から与えられる流動食を食べ、危険な惰眠に陥っているのだ。

そんな状態では、人々の意識が鈍り、今本当に重要なことを考える余裕をなくしたとしても驚きではない。例えば、何らかの正当な理由で無能なＤＪの契約が破棄されたら、彼を解雇した放送局のもとに〝不正〟と〝迫害〟に抗議する、怒りに満ちた手紙や電報や電話が殺到する。それなのに、いかがわしい圧力団体が有能な公務員の辞職を迫っても、抗議しようとする市民はほとんどいない。

映画ファン向けの雑誌が、売り出し中の若手女優の演技の才能をけなす記事を書くと、一瞬のうちに熱烈なファンが立ち上がる。しかし、重要な法案が州議会や連邦議会でなかなか可決されずにいても、人々のほとんどはそのことを無視するのだ。議員に法案に対する大衆の態度や意見を伝えるのは、身勝手な圧力団体やプロのロビイストの仕事になっている。無関心と無関与の沼は深さを増すばかりだ。

新聞や雑誌の多くは、ニュースの普及や将来的に重要なテーマの議論などよりも、広告主のご機嫌取りに気を遣っている。最近の例では、ある有名新聞が「より幸せなホームライフのためのハッピーなゼラチン型」を紹介するためだけに、贅沢にも二ページを割いてイラスト付きの記事を掲載していた。同じ日の同じ新聞では、南アメリカの政情不安に関する報道が三段落、民間防衛政策における大幅な変更について一一行、その週にワシントンで行われた立法措置はわずか半コラムにまとめられていた。

編集ポリシー？　「あっという間に、母親、赤ん坊、野良犬に優しく、犯罪や道路につばを吐くことに厳しい態度をとらざるを得ないようになってしまっていた」と、最近あるベテラン新聞編集者が私に苦々しい表情で語った。もちろんこれは、明らかに腹に怒りを抱えている男が、かなり大げさに話した言葉だ。しかし、完全な嘘ではないことは、普段よく新聞を読む人にははっきりと分かるだろう。

新聞と雑誌だけが悪いわけでも、ほかに比べて悪さが際立っているわけでもない。ラジオ、テレビ、映画、人気書籍。これらすべてが、くだらないことばかりにこだわり、ほかのすべてのレベルにおける思考の鈍化と反対意見の抑圧のプロセスに大きな影響を及ぼしている。これらメディアが対立を避け、自分たちの狭い関心を守ろうとする姿勢は、時には信じられないほどの規模に広がることがある。その一例として、最近あるラジオネットワークの幹部が憤慨しながら私に語った話を紹介しよう。彼によると、ある大きなラジオ局が、著名な聖職者が〝結婚の神聖さ〟について語る一五分間のトーク番組を中止にしたそうだ。

では、なぜその聖職者は放送から締め出されたのだろうか？　そのラジオ局の広告枠の多くを買った会社の社長が、スキャンダラスな離婚劇に巻き込まれていたからだ。ラジオ局の経営陣は、このスポンサーが聖職者のコメントは自分に向けられていると考えるのではないかと恐れたのだった！

現代の考え方、道徳観、制度などに対する最も的確で破壊的なコメントの多くが、いわゆるシックスクール派と呼ばれるナイトクラブ・コメディアンによって発せられているという事実が、今の社会のありさまを顕著に示しているのではないだろうか。今の時代、批判者は厳しい言葉を甘いオブラートで包まなければならないのである。しかも、たとえそうしたとしても、批判意見に対して少なくとも暗黙の反発が生じる。でなければ、彼らの鋭い皮肉を人々が〝病的（シック）〟と呼ぶ理由がないではないか？

私は、異議や批判には何一つ病的な要素はないと考えている。異議も批判も、現代社会に大いに必要。私は過去のどの時代よりも今こそ、知識人だけではなく一般市民が疑問を感じ、疑いを口にし、正否を確かめ、批判し、反対の声を上げることが大切だと確信している。反対意見を抑圧することは発言の自由という制度を否定する行為であるだけでなく、最も基本的で貴重な民主主義の原則を放棄することも意味している。自由に批判できるオープンな議論や主張が認められて初めて、自己満足の傾向を止めることができる。そして自己満足が消えて初めて、アメリカは進歩と改善を成し遂げて世界のリーダーになるために旺盛な個人の力を完全に発揮し、利用することができるのである。

自由な社会では、人々の生活と幸福に影響するあらゆる物事を審査と批判の対象にすべきである。外交政策、労使関係、教育システムなど、それが何であれ、批判的な監視を続ける正当な理由も必要もあるのだから。

私の言いたいことを明らかにするために、今挙げた三つの公益分野を例に見てみよう。まずは外交政策。アメリカの信条と生活様式を外国に広めるために、多くの時間と資金とエネルギーが費やされている。アメリカ政府は、自動車がほとんど走っていないような国で道路を造るために、多大な費用を投じてきた。人々がまだ泥壁小屋に住んでいるような国で、巨大なオフィスビルを建てている。発展途上にある国にアメリカ製の冷蔵庫、テレビ、電子レンジ、床に敷き詰めるカーペットを見せつけるために大金を使って展示会も開いてきた。私たちはそのような活動を当然のこととして受け入れてきたが、私たちから物質的な豊かさをひけらかされる国々の一般市民はそのような物品を、手に入らない、時には理解できない贅沢品とみなしているのである。

これは飢えに苦しみながら、みすぼらしい服を着て質素な家に住む人々を友達にする方法としては、あまり賢明とは言えないだろう。彼らも贅沢品を買えるようにするための、すぐに効果を示す確実なプログラムも同時に提示しなければ意味がない。この自明な事実に、アメリカの対外支援責任者が気づいていないとはとても想像できないが、私が知るかぎり、本当に気づいていない人や、問題を正しい角度から見る能力を持たない者が実際に存在するのだ。

そのような態度が、外国で貧しい生活を送る人々を助け、彼らの友になるというアメリカ主導の野心的で良心的なプログラムの妨害になっている。彼らに希望と信頼を与える代わりに、私たちの代表者は彼らの国の貧しさとアメリカの豊かさの間に横たわる大きな差をさらに強調しているだけだ。結果として、人々の反発を買い、発展途上国とアメリカの間の差はさらに広がることになった。

このような状況が何年も前からずっと続いているにもかかわらず、つい最近まで、アメリカの対外支援政策の主導者の能力に対して疑問を口にするのは悪趣味、それどころか破壊的だと考えられていたのである。

アメリカの労使関係について言うと、経営者の多くはいまだに、とっくの昔に死に絶えた〝一般人などくそ食らえ〟タイプの自由放任資本主義を実践しているようだ。彼らは労働者を幸せにするあらゆる進歩に抵抗する。つまり、労働者を共通の目的のために努力する仲間ではなく、天敵とみなす。一方で、労働者のリーダーのなかには労働者のリーダーであることをやめた者も多い。その代わりに、彼らは労働者と呼ばれる新しい独立業界の幹部になった。このタイプの労働者は一つの明確な目標を持っている。ビジネスや産業と競い合い、それらの活動をできるだけ難しいものにして利益を減らすことである。

労働者側も経営側も、ミスをすることもあれば、権利を乱用することもある。しかし、経営側を批判する者はすぐに会社側グループの怒りを買うことになる。労働者やそのリーダーを批判する者は、労働者のグループや組織の全面的な怒りに直面することになるだろう。前者は過激派だと罵られ、後者は反動的だと責められる。したがって、両者を自由に、そして客観的に批判しようとする者はほとんどいない。だから、偏見を持ってどちらかを一方的に非難する者しかいないのである。

では、教育システムはどうだろうか？　アメリカの高校やカレッジを卒業したのに、読み書きや簡単な計算が満足にできない者が実に多い。地理の知識も乏しく、歴史もあやふやにしか知らない。私たちの教育に問題があることは明らかだ。学校の教師の少なくとも一部に問題の根源があるのかもしれない。しかし、そのようなきわどい考え方を口にする勇気を持つ者はどこにもいない。

まるで洗脳されているかのように、人々は学校とは神聖なものであり、批判したり疑問を呈したりしてはならないと思い込んでいる。教師とは崇高な人格を持ち、教育という名の祭壇に自らの命を捧げ、長期にわたり低収入で休みなく働き続ける殉教者であると考えている。学校や教師を少しでも批判すれば、すぐに猛烈な抗議の嵐が巻き起こり、教師とＰＴＡ団体が反撃を開始する。批判した者には、子供を憎み、暗黒時代の再来を望んで文明を破壊しようとする怪物というレッテルが貼られる。

アメリカ教育局の発表によると、アメリカ人教師の給料は過去五〇年間で一〇〇〇パーセント以上も上昇したそうだ。現在の教師の平均年収は四〇〇〇〇ドルを超えている。しかし、過去五〇年間でアメリカの教育水準も同じぐらい、あるいは少しでも上昇したと言えるだろうか？

私はなにも、痛い目に遭わせようとしてこの三つの例を取り上げたのではない。アメリカの外交政策が悪いと言っているわけでも、大きな改革が必要だと主張したいわけでもない。資本家や労働者を、経済を分かっていないと非難するつもりもない。教師のみなさんが無能あるいは高い給料に見合った働きをしていないと考えているのでは決してない。すべてがいつでもどこでも正しいと考えるのは間違いであることを指摘するために、たまたまこの三つを選んだだけである。批判的な調査や検査や評価が、そして場合によっては変更や改善が必要なものは、私の社会のどの分野にも数多く存在している。

大衆は、人のためではなくて自分たちだけのために現状を維持しようとする官僚や自分勝手な少数派グループに、必要な改革を実行することを妨害させてはならない。私たちの社会と制度をさらに強くするには、反対意見が必要なのだ。すでに存在する、あるいはこれから生じるであろう欠陥や悪習慣を探し、指摘する反対論者がいなければならない。

「しかし、現代を生きる人々の大半は反対論者になる余裕がない。彼らは強力な利害関係者にたてつけば、仕事や顧客や利益を失うと恐れている。批判を口にしても危険がないと思えるためには、億万長者にならなければならない」と、最近ある程度成功している製造業者が私に言った。

私は〝たまたま〟億万長者になったが、私が反対意見を唱えられる理由はそれだけだとは信じたくない。そうだとは思わない。反対意見を口にする人がほとんどいなくなった本当の理由は、アメリカ人が自分たちの幸福と成功にあまりにも満足してしまっているからだと私は感じている。私たちは皆、無関心になり、自己満足してしまっているのだ。あまりにも快適なので、このバラ色の怠惰な生活を乱すようなことを見たり話したり聞いたりしようとしない。

しかし私は、近い将来に強い変化の風が吹くと感じている。アメリカの国家と人民は目を覚まし、惰眠をむさぼる時代は終わったことに気づき始めている。苦しい二日酔いはすでに始まっているが、二日酔いには有益な効果もある。ぼやけた目を開いて、広告業界のリーダーや宣伝工作員がずっと広めてきた「すべてが最高で、これ以上はない」説に重大な誤りがあり、致命的な危機が迫っていることに気づき始めたのだ。アメリカの人々はかつて圧力団体や自分勝手な少数派やペテン師にだまし取られた健全な精神と国家を、もう一度自分たちの手に取り戻そうとしていると、私は確信している。消えつつあるアメリカ人反対論者はまもなく社会に戻ってきて発言し始め、それにしっかりと聞く耳を向ける者も増えるに違いない。彼らを歓迎するのは喜びでもあり、大きな救いでもある。彼らが戻ってくれれば、国の未来は明るく、そして今よりはるかに安全になるだろう！

教養のある野蛮人

最近、ヨーロッパで大きな発行部数を誇る雑誌が、カメラを首からぶら下げてギリシャ神殿の前に立つアメリカ人と観光ガイドの風刺画を掲載した。「第一次世界大戦？　それとも第二次？」とアメリカ人が尋ねている。

アメリカ人にとってはあまり楽しくない内容だが、この風刺画はヨーロッパ全土で大きな反響を呼んだ。多くのヨーロッパ人が、それを典型的なアメリカ人観光客を描いた秀逸な風刺画とみなして大いに笑ったのである。外国の人々は科学や技術の分野でアメリカが主導的な役割を果たしていることを認め、そのずば抜けた功績を称賛しているのは確かだが、その一方ではアメリカ人、特にアメリカ人男性が見せる文化に関する知識の乏しさを愉快に感じている。

フランスの有名な美術館の館長が私に言ったことを信じるなら、彼は世界中から美術館にやってくるたくさんの人のなかから、一目でアメリカ人男性を見分けられるそうだ。彼はこう言う。「歩き方を見れば分かる。ドアから入ってくるとき、たいていのアメリカ人男性は不機嫌そうで、自信ありげで、気取っているけれど、それでいてどことなく弱々しく見える。まるで、本当はこんなところに来たくなかった。バーで一杯やるか、野球の試合を見たかったんだ、とでも言いたげに」

私が思うに、現代のアメリカ人に見られる文化的側面の弱さは、古代ローマの教養ある野蛮人と比較できる。かつて、ラテン語での会話（時には読み書きも）を習った野蛮人がいた。彼らはローマ式の服装や立ち居ふるまいも学習した。彼らの多くはローマの商業や土木や軍事技術をたやすく習得したが、それでも野蛮人のままだった。彼らには、まわりにいる偉大な文明人の芸術や文化に対して理解や称賛や愛を育むことができなかったからだ。

〝文化に疎いアメリカ人〟という人物像はアメリカ国内でも国外でも、これまでずっと風刺漫画家の格好のテーマだったが、それにには理由がある。アメリカでは昔から、文化は女性、長髪男子、軟弱者のためにあるもので、一〇〇パーセント本物の男のためではないとみなされてきた。だから、一般的にアメリカでは男性よりも女性のほうがはるかに文化に理解が深いのは当然なのである。

私は外国で過ごす時間が長いので、これまで何度もアメリカ人男性が外国の高度な文化に示す反応を見てきた。彼らは少しでも文化的な側面がある物事には関心を示さない。正直なところ、私はいつもその反応にショックを受け、当惑してしまう。顕著な、そして残念ながら代表的な例として、私が以前ロンドンで旧友と会ったときの話を紹介しよう。アメリカで富を築いた実業家である私の友人は、ヨーロッパ大陸へ向かう途中、ロンドンに立ち寄った。その彼がホテルから電話をかけてきたので、私たちは昼食をともにすることにした。食事のあと、私はウォレス・コレクション美術館で数時間を過ごそうと提案した。私は、彼がウォレス・コレクションの素晴らしいアンティーク家具やアートを見たことがないと知っていたし、私自身は、もう一度そこへ行って、貴重な展示品の数々を眺めたいと願っていた。しかし友人はその申し出を拒否した。

「おい、ポール！　ロンドンには二日しかいないんだ。かび臭い美術館を歩き回ることに午後を使うなんてまっぴらごめんだ。お前は古美術や油絵を見に行けばいいさ。俺はウインドミル劇場で女の子を眺めてくるよ！」と、彼は怒ったようにまくし立てた。

そのとき私は、少し前に初めてパリに来た二組のアメリカ人夫婦をもてなした際に、パリのホテルのロビーで繰り広げられたみじめなシーンを思い出した。私の目の前で、夫組と妻組が午後何をするかで口論を始めたのである。

女性陣は、美術評論家の誰もが絶賛した彫刻コレクションの特別夜間展示会へ行きたいと主張した。男性陣はそれに強く反発した。

夫の一人が怒鳴った。「ばからしい！　彫刻はもう十分だ！　ナイトクラブへ行こう！」

もう一人の夫も力強く同意したので、二人の妻は降参した。私はホストだったので、できるだけ波風を立てないように気を遣いながら、彼らの望みに従った。結局、私たちは世界中のどこにでもあるような、たばこの煙で充満した風通しの悪いキャバレーで、四流のジャズバンドがかき鳴らす騒音をＢＧＭに繰り広げられる五流のショーを見ながら、その夜を過ごしたのだった。

キャバレーやジャズバンドやショーに文句があるわけではない。私も、良質であり、毎日観たり聴いたりする必要がないのなら、そういったものを楽しむことがある。しかし、なぜ多くのアメリカ人は文化の都パリなどへ何千キロも旅をしたあげくにナイトクラブで時間を潰そうとするのか、理由がまったく理解できない。

このような経験を何度もしてきたので、私は現代のアメリカ人男性と古代ローマの教育を受けた野蛮人の比較は的外れではないと確信している。アメリカ人男性の大多数は、文学、戯曲、芸術、クラシック音楽、オペラ、バレエなどの文化活動に関心を示すのは、女性的で軟弱、あるいはさらに致命的に〝非アメリカ人的〟だと信じているようだ。しかし実際には、そうした女性的な物事を理解するには自分はあまりに〝男〟であり〝雄々しい〟と考えて、バッハやブリューゲルよりも野球を、プラトンやピランデッロよりもポーカーを好むというのは、男のおごりだと言える。

不幸なことに、この種の文化恐怖症は教養のないアメリカ人に限られた症状ではない。とても成功している知識人や高い教育を受けた人のなかにも、強い症状を示す者を見つけることができる。超優等生だけに与えられる〝ファイ・ベータ・カッパの鍵〟を腕時計のバンドにぶら下げているような人が、自分はオペラハウスやコンサートホールやアートギャラリーへは「絶対に入らない」と公言している、というような話を何度も聞いたことがある。私の知り合いのなかにも、一流大学を出ているのに画家コローとクロモ（着色石版画）の違いを知らないし、知ろうともしないトップ経営者や上級経営幹部がたくさんいる。

〝反文化〟という偏見はアメリカ社会のほとんどの層に浸透しているようだ。それがアメリカ人の生活のありとあらゆる側面に反映されている。ラジオ、テレビ、映画で、吐き気を覚えるほどひどい作品が差し出され、人々がそれらを楽しそうに受け入れているのが、その一例だ。それと引き換えに、美術館や美術展を訪れる人の数は少ない。素晴らしい本を読んだり偉大な音楽を聴いたりしている人の割合もわずかでしかない。ドリス式円柱とイオニア式円柱の違いを知っているアメリカ人は、一〇人に一人もいないだろう。アマチュア劇団や地方巡業劇団は別として、ニューヨーク市の外側にはまともな劇団がほとんどない。

アメリカ合衆国は世界でいちばん豊かな国だ、とアメリカ人はよく自慢する。しかしその際、物質的な富と繁栄に比べて、文化的には貧しいことに気づいていないようだ。

昔から続く文化に対する無関心がどれほど強い影響を及ぼすのか、一九六〇年の大統領選挙を見ればよく分かる。アメリカの雑誌サタデー・レビューの音楽担当編集者が大統領候補の二人に次の二つの質問をした。

一．あなたは内閣に文化長官の地位を新設することに賛成ですか？

二．美術館、交響楽団、オペラなどのサポートに、連邦政府はどの程度関与すべきだと考えていますか？

発表された記事によると、両候補者ともに内閣に文化長官を新設することに反対した。また、政府はすでに議会図書館や国立美術館に行っている支援を拡大して、国内の文化活動や組織、あるいは文化事業を援助すべきだという考えも否定した。

ここで私は、故ジョン・F・ケネディ大統領とリチャード・M・ニクソン氏を批判したいわけではない。おそらく二人は、〝軟弱者〟のレッテルが貼られることのないよう慎重に回答しろと、政治顧問からアドバイスを受けていたと思われる。

一つ目の質問に関して言うと、私自身は自分が賛成か反対かを表明する立場にないと感じている。国家にとって文化長官を決めるのがいいか悪いかを判断するのは私の仕事ではない。しかし私は納税者だ。納税者としての立場から考えると、官僚的なデスクワークに何千万ドルもの大金を費やすぐらいなら、数百万ドルを文化活動の支援に使ってもいいのではないかと感じざるを得ない。そのような支出のほうが、連邦予算にいつも含まれている選挙用のばらまき予算などよりも国民にとってはるかに役に立つだろう。

先進国でありながら公的資金を使って文化機関を支援していないのはアメリカぐらいだ。確かに政府はここ数年、アメリカ文化を世界に広めるプロパガンダ目的で、数多くのアーティストやミュージシャン、交響楽団、劇団、ダンスグループ、あるいは美術展そのものを外国へ送り出すことに多額の費用を費やしてきた。これらはどれも外国におけるアメリカの威信を高める貴重な活動だ。ところがその政府が、自国民の文化レベルを引き上げるためにはビタ一文使おうとしないのは奇怪な話ではないか！

どんな理由があるにしても、私にはまったく理解できない。不思議の国に迷い込んだアリスになった気分だ。私は政治家でも、政府御用達の経済学者でもないが、政府にとってきれいな食べ物、大陸を横断するハイウエー、毎日の郵便配達を国民に保証するのが〝法的〟な義務であるなら、国民によりよい文化に触れる機会や施設を提供するのは少なくとも〝道徳的〟な義務であるはずだと考えている。

政府の年間予算の一パーセントの一〇分の一、つまり一〇〇〇分の一を費やすだけでも、国内の文化施設や文化活動を大いに支援することができるだろう。私たちの現在と未来にとって、文化の重要さは計り知れない。少なくとも、私たちの税金の一〇〇〇分の一の価値はあるはずだ！

これまでの歴史が、芸術的・文化的偉業を達成した国家が長生きできる事実を証明している。私たちは古代の人々が戦った争いや勝った戦争のことを忘れてしまったが、彼らが残した建築、芸術、絵画、詩、音楽にはいまだに驚き続けている。国家と人民の偉大さは征服史ではなく文化に宿るのである。ほとんどの歴史の教科書で、テミストクレスについては一行か二行程度しか書かれていない。一方、テミストクレスと同じ時代に生きたアリストパネス、アイスキュロス、ペイディアス、ソクラテスらは神聖化されている。歴代皇帝の勅令や施政の大部分は忘れ去られているが、ホラティウスやウェルギリウスの詩は永遠に生き続ける。メディチ家、スフォルツァ家、ビスコンティ家などといった名前は、彼らがダ・ヴィンチ、ミケランジェロ、ラファエルなどといった偉大な芸術家を支援したことで輝きを放っている。グナイゼナウやシャルンホルストがドイツの戦艦だと知っている人はどれぐらいいるだろう？　それに比べてベートーベンやシューベルト、ゲーテやハイネが同じ時代に生きたドイツ人であることを知っている人は多いに違いない。現代の教養ある野蛮人のなかでも最も頭の固い人たちにも、私の言いたいことは明らかだろう。

それでも、あまりにも多くのアメリカ人男性が文化への関心や芸術の理解を高める理由を理解しようとしない。文化に費やす〝時間がない〟という者も多い。そのくせ、ゴルフクラブに行ったり、あちこちうろうろしたり、自宅の安楽椅子に沈み込んだり、テレビのスクリーンで繰り広げられる低俗番組をぼんやり眺めたりしながら、毎週何時間も無駄にしている。

もう一つがっかりさせられる事実は、老いも若きも関係なく、経営関係者の多くが「ビジネスと文化はそりが合わない」と思い込んでいることだ。彼らは、経営者は〝芸術〟と名のつくものを理解して評価する気質も忍耐も持っていないという立場を譲ろうとしない。文化活動に関われば、自分が〝柔らかく〟なり、ビジネスの厳しい現実に取り組めなくなると恐れているかのようだ。もちろんそれらは根拠に乏しく、完全に間違った考え方である。

商工業界で最も大きく成功しているリーダーは誰もが、芸術の後援者あるいは文化事業の積極的な支援者として知られている。また、商工業の発展を推し進める最大の要因が文化であることも証明されている。ビジネスの発展は文化の進歩と深く関わっているのだ。その証拠に、芸術はこれまでずっと、商工業が高度に発達した豊かな国で最も盛大に花開いたのである。

分かりやすい例として、およそ八世紀にわたってヨーロッパとアジアの交易の中心だったベネチア共和国を挙げることができる。ベネチアの商人は世界の誰よりも抜け目なく利益に敏感だった。

ベネチアの民衆は工業にも長けていて、アメリカで最初の組立ラインが造られるよりも六〇〇年以上も前に生産ライン技術を習得していた。ベネチアの巨大工場は、竜骨の設置に始まり武器の組み込みや物資の搬入までを含めて、完全武装した海洋船を一日で組み立てる能力を持つ生産ラインを有していた。

ベネチア人は利益を重視する頑固な商人および技術者だった。すべての事情を考慮に入れるなら、彼らは毎日の活動で現代の経営者よりもはるかに多くのリスクや問題に直面していた。それなのに、彼らはドゥカーレ宮殿、サン・マルコ寺院、大運河沿いの素晴らしい広場をはじめとした数多くの美しくも壮大な建築物を建てることに成功したのである。

その商業都市ベネチアで、ベネチアのために、ティントレット、ティツィアーノ、ベロネーゼなどの巨匠が偉大な作品を制作した。優秀な商人と技術者が住む運河都市は芸術でも世界をリードし、今もリードしているのである。ベネチアの壮大な芸術と美は、それを創った芸術家だけでなく、制作を依頼した商人の記念碑として受け継がれてきた。

現代では、イギリス、フランス、イタリア、スウェーデンなどで商工業の進歩に伴う形で文化も発展している。これらの国では、経営者も国民全体も、昔から文化活動に対する関心を失っていない。いや、実際はその逆だと言える。彼らの生活は複雑さもスピードも強く増しているというのに、彼らはアートギャラリー、博物館、コンサートホール、劇場、オペラハウスをいつも満員にしている。

彼らは、文化こそが、例えば充実したよりよい生活、心の満足、精神的なリフレッシュや刺激など、数々の報酬と利益をもたらすと学んでいるのである。アメリカ人の多くは、彼らを見習うべきだろう。

アメリカ人として外国を旅行すると、現地のゴミ収集員や道路清掃員がオペラのアリアを歌いながら、あるいは交響曲や協奏曲を口ずさみながら仕事をしているのに驚かされる。訪問先の言葉が理解できるときは、レストランのウエーターやホテル従業員が印象派画家や古典演劇の優劣について熱く語っているのに気づいて驚くことも多い。

ビジネスのための国外出張で、外国人の取引相手が会話のなかに名前しか知らないような偉大な作家や詩人、劇作家や哲学者の名前や言葉をちりばめてきたので困ってしまった、という経験をしたことのあるアメリカ人もたくさんいる。

何よりも悲しいのは、私がヨーロッパで会ったアメリカ人経営者のなかには、商売をしに来た彼らをヨーロッパの取引相手がアメリカのマディソン街の伝統に従って〝夜の街で盛大に〟もてなすことを期待している者がいるという事実である。シャンパンにどっぷり浸かるどんちゃん騒ぎを期待していたのにオペラやバレエに連れて行かれた、と嘆く彼らの情けない報告を、私は何度聞かされたことだろう。そのたびに私は彼らの目をまっすぐ見つめ、同情に満ちた表情を作ろうとしたのだが、うまくできた自信はない。

私が指摘したいのは、アメリカ以外のほとんどの文明国では、労働者も産業界の大物も変わらず、あらゆる文化と芸術に深い関心と理解を示す、ということだ。

芸術や文化の名が付くものすべてに対する一般的なアメリカ人男性の無関心や反感には、いくつかの根本的な理由があると考えられる。根源の一部は清教徒（ピューリタン）の遺産にある。初期のアメリカ人清教徒は厳格な超カルバン主義的教義を守り、芸術を堕落の、ほとんどの音楽を淫らな快楽の象徴とみなし、宗教的書籍や神学的議論以外の文学を遠ざけ、事実上あらゆる文化活動を無意味で罪深いものとして非難した。清教徒にしてみれば、しごく単純で完璧に機能的でないものは〝それ自体〟が退廃的で堕落的だったのである。

当初から清教徒は少数派で、しかもその後、彼らは非清教徒の流入に完全に呑み込まれてしまったが、清教徒の遺産がアメリカ人の思考と行動に与えた影響は今も確認することができる。次の理由として、アメリカ大陸における植民と革命の歴史を挙げられる。この点に関して、いわゆる権威と呼ばれる人々の多くは、アメリカはイギリスと大陸諸国の〝退廃〟文化も含めて、ヨーロッパとはあらゆる点で一線を画さなくてはならなかったのだと、まったく間違った見方をしている。

建国の父たちはそのようなことを望んでいなかった。彼らはイギリスからの政治的な独立を目指し、アメリカから君主制と貴族政治を排除しようとした。しかし、アメリカ革命の主導者の大半は、旧世界の伝統文化を維持し、イギリスやヨーロッパ諸国の高度な芸術と文化を新世界にもたらすことを望んでいた。

ベンジャミン・フランクリン、ジョージ・ワシントン、ジョン・アダムスは、三人とも文化的な男だった。モンティチェロにあるトーマス・ジェファーソンの家を訪問すれば、ギリシャ語とラテン語をすらすら読んだこの男が建てた家の建築様式や家具の素晴らしいセンスに驚かざるを得ない。

それどころか、首都の建物を見るだけでも、アメリカの建国者たちが外国の芸術や文化を捨てようとしていたという考えが間違いであることがすぐに分かるはずだ。その最たる例が独立戦争後すぐに設計された国会議事堂とホワイトハウスだ。国会議事堂はローマのサン・ピエトロ大聖堂にとてもよく似ている。一方のホワイトハウスはダブリンのリンスター公爵の屋敷にそっくりだ。リンスター屋敷を参考にして建築家のジェームズ・ホバンがホワイトハウスを設計したのだから当然だ。

このように否定しようのない反証が山ほどあるにもかかわらず、伝統的な芸術や文化を、特にヨーロッパの芸術や文化を拒絶するのが植民地時代の伝統だと思い込んでいる超がつくほどの愛国主義者や排外主義者がいまだに存在するのである。この誤った考えが、すべての文化活動はアメリカらしくない、本物のアメリカ人にはそぐわないという理屈のもとになっている。

清教徒――あるいは植民伝統主義と呼ぶべきだろうか――の影響だけではない。平均的なアメリカ人男性の文化に対する態度はアメリカン・フロンティアの遺産というよく分からない神秘によっても歪められてしまった。思慮が浅くて読み書きもろくにできない粗野な開拓者を、アメリカ人男性は何世代にもわたって知らず知らずのうちに手本にしてきた。国家を開拓した素晴らしい祖先を見習っていると思いながら、多くのアメリカ人男性はニール・ダイアモンドの曲「セプテンバー・モーン」以上の芸術をあざ笑い、酒場のピアノ弾きや自己流のバンジョー奏者、あるいはアマチュアバイオリニストが演奏しない音楽をばかにする。

力強くて、ケンカっ早くて、文化を嫌う開拓者の姿は絵になるかもしれないが、誤解の源でもある。アメリカの開拓者には酒場に入り浸るケンカ好きや早撃ちガンマンもいれば、同じぐらいの数の文化に飢えた男たちがいたのである。

その格好の例として、アメリカの西部開拓において重要な役割を演じた二つの〝粗野でタフ〟な街、サンフランシスコとデンバーを挙げることができる。

おそらく、サンフランシスコのバーバリー・コーストとデンバーのホリデー・ストリートが西部のなかで最も危険でワイルドな土地だった。街としてまだ若かったサンフランシスコとデンバーは喧噪に包まれていたが、それでもこの二都市ほど文化的なものを積極的に惜しげもなくサポートした都市は東部にもほとんどなかったのではないだろうか。

サンフランシスコの人々は初めからずっと音楽と芸術をこよなく愛していた。街全体がゴールドラッシュで色めき立っていた時代も例外ではない。現在、サンフランシスコよりも高い文化水準を誇る都市はアメリカにはほとんどない。一〇〇年を超える文化の伝統が息づいているからである。

デンバーにはオクシデンタル・ホールとテイバー・グランド・オペラハウスがあった。後者はアメリカの歴史のなかで最も粗野な男と呼べるH・A・W・テイバーが建てたものだ。テイバー・グランド・オペラハウスは西部の名所だった。オペラやコンサートや講演会が開かれ、当時の記事を信じるなら、デンバー市民が客席を埋め尽くし、芸術を堪能していたのである。

アメリカ開拓者が文化嫌いだったというのはただの神話だ、と主張する資格が私にはある。私自身の祖先は一八世紀にアメリカにやってきたパイオニアだ。ほとんどは農民だったが、荒野のなかに未来を作るためにアメリカにやってきた。そのなかの一人がジェームズ・ゲティで、彼にちなんでペンシルベニア州のゲティスバーグが名付けられた。祖先たちの遺品から判断するに、彼らと彼らの同時代人はあらゆる形の文化と知識に飢えていた。彼らは熱心な読書家で、本を、特に古典作品を回し読みした。立派な家を建てて壁に素晴らしい油絵を掛ける日が来るのを夢見ていた。子供たちにも文学や音楽の素晴らしさを伝えようとした。

私の父は一八五五年にオハイオ州の農場で生まれた。とても貧しい痩せた農場だった。彼の母は夫を亡くし、非常に貧しい困窮生活を送っていた。それでも知識や教養をよくするための努力を怠らなかった。父は学校とカレッジを出たが、大学の文学クラブのメンバーであったことをとても誇りにしていた。

私自身も、両親とオクラホマ準州にやってきたとき、アメリカ最後の開拓時代を思う存分体験した。発見されたばかりの油田や操業が始まった採掘現場のまわりに、羽目板や生木材ででできた集落がまるでキノコのように一夜にして誕生した。成人男性のほとんどが腰のまわりに六連発銃をぶら下げ、当たり前のように撃ち合いが行われていた時代だ。

油田の作業員や試掘者は誰も皆ハードでタフで力強い男たちだったが、そんな彼らの多くも日曜日になれば最高の服で着飾り、オクラホマシティやタルサに巡業のオペラやアーティストのコンサートを見に行っていた。

そしていつか富を手に入れたら、オイルマンの大半、いやほとんどが家を買うか建てるかして、絵画や彫刻、骨董家具や敷物を買った。芝居を観たりオペラやコンサートを聴いたりするために、東のニューヨークへ行くこともあったほどだ。

確かに彼らの趣味は、少なくとも初めのうちは、あまり洗練されてもいなければ、成熟してもいなかったかもしれない。しかし、粗野でたくましい男たちも美しいものに飢え、文化的なものを積極的に楽しもうとしていたという事実は変わらない。彼らは、現代のアメリカ人がイメージするほど、あるいはたくましくて勇ましい男のなかの男になるための手本にするほど、文化嫌いではなかったのである。

ほかにも、アメリカ人のなかに教育された野蛮人が多くなった理由はある。しかし、原因はどうであっても、その結果は常に嘆かわしい。

今のアメリカの状況で最も嘆かわしいのは、この国には優れた文化の制度や施設が〝存在する〟という事実である。アメリカの交響楽団やオペラ劇団は世界でも最高レベル。アメリカの博物館や美術館は公立も私立も、あらゆる時代のあらゆる芸術品、例えば絵画、彫刻、タペストリー、骨董家具を集め、世界に誇れるコレクションを有している。

レコードやカセットテープを買えば、偉大な音楽が手に入る。アメリカ人のほとんどは現代の画家や彫刻家の素晴らしい作品、あるいは過去の巨匠の作品の複製を買えるほどの財力を持っている。偉大な古典文学も数セントで買える。公立学校や大学はもちろんのこと、さまざまな成人教育機関でも、芸術、音楽、文学、詩、演劇をテーマにしたコースが数多く用意されている。

ところが残念なことに、全国には数多くの文化的な機関や機会があるというのに、それを利用しているのは人口のごくわずかな一部でしかない。男性の比率ともなるとさらに低くなる。交響楽団やオペラ劇団の公演は赤字に終わることが多い。いつも客入りのいい美術館やギャラリーはほとんどない。高尚な音楽のアルバムが一枚買われている間に、胸の大きいだみ声の女性歌手や音痴な流行歌手のレコードが飛ぶように売れている。ひどい内容の下手な小説ばかりが売れ、真剣な文学作品はほとんど読まれていない。ごく一部の例外を除いて、文化的な内容のクラスやコースが満員になることはほとんど、あるいはまったくない。そのような授業を担当している教師や教授の話では、三〇人から四〇人を対象にしたコースでも六人から八人程度の学生しか参加しないそうだ。

アメリカ人、特に男性は、文学、演劇、芸術、音楽、要するに文化を理解し、鑑賞できるようになると、人生の幅が広がり、生活をより完全に楽しめるようになるという事実に気づくべきだ。生活にバランスや展望がもたらされ、五感が喜び、充実感や満足感が心に広がる。

文化に関心を持っても、男が廃ったり女性っぽくなったりしない。より完全な男、より完全な人間になることができる。文化は男を一人の人間として刺激し、活性化させ、人生を彩るあらゆる事柄に対する趣味や感覚あるいは感受性を鋭くしてくれる。

文化的な素養を身につけることで、男はほぼ例外なく自信に満ちて洗練された人物になれる。そのような人物は、人の知性や感情や肉体に、そして人間同士の交流に含まれる繊細な陰影やニュアンスを察知し、正しく評価し、楽しめるようになる。役員室でも寝室でも、不器用で荒っぽい野蛮人だったときよりもはるかに巧みに男を演じることができる。

自分に文化を無理強いする必要も、文化活動がもたらす利点や喜びを得るためにほかの関心を犠牲にする必要もない。人の好みや趣味あるいは知識はゆっくりと時間をかけて、そして何より楽しみながら、発展させるべきだろう。例えるなら、文化とは美しい女性の前でたしなむ一杯の高級ワイン。がぶ飲みせずに、少しずつゆっくりと味わうのがいい。

均質化された男たち

宇宙の深みに沈み込んでしまったかのように感じられた奇妙な瞬間、私は実は心の奥底では無政府主義者(アナーキスト)なのではないか、というおぼろげな思いが頭をよぎった。宮殿の庭園や議事堂の控え室に爆薬を仕込んでやる、などと考えたわけではない。年老いた支配者や若い王子に悪意を抱いているわけでもない。

私が一瞬感じた無秩序への欲求は純粋に〝古典的〟なものだった。私は古代のギリシャ人が理解していた意味で〝アナーキスト〟という言葉を用いている。古代ギリシャ人はアナーキストを、個人の自由な思考や行動を制限しようとする政府に対抗するかなり強力な、時には激烈な敵対勢力とみなしていた。この意味において、私は自分のことをアナーキストだと感じた。政府の拡大、規制の絶え間ない増加、そして何より人間活動の画一化を残念に思っているからである。

だが、私はそのような考えに長々と沈み込むような人間ではない。誰も廃れた考え方に無意味にすがりつこうとすべきではないではないか。私は現実主義者だ。権利をかけた個人と政府の死闘では必ず政府が勝つことを知っている。

もうかなりの時間、政府は私たちを支配し、いまだに拡大を続けている。行政官と〝立案者〟と電子工学の専門家たちが、世界をますます〝パンチカード社会〟へと変えている。大きな政府に導かれて、私たちは完全に構造化された社会、つまり役人たちが幅を利かせる画一化されたユートピアへの道をまっしぐらに進んでいる。そういった世界では、結局のところ、政府が国のありさまを決めるのだ。

個人的には、このまま行けば未来は暗いと思っているが、ある人にはきつすぎる上着も、ほかの人にとってはマントのようにぶかぶかなこともあるのだから、感じ方は人それぞれだろう。前進や後退などといった言葉は、どこをスタート地点とするかによって意味が変わるのである。計画された、秩序ある、ただしおもしろみには欠ける新世界を、数ある可能性のうちで最も安全だと思う人もたくさんいるに違いない。

しかしながら、そのような完全に構造化された社会は、構成員にますます重い制限を課し、私たちの今の社会行動や経済活動の多く——すべてかもしれない——を大きく変えるだろうということは、誰にでも理解できるはずだ。そして、そのような変化は最終的で完全ではあるだろうが、決して新しいものではない。これまでもずっと少しずつ起こっていた。何世紀もかけて、社会の構造化は進んでいるのである。

古代ギリシャの都市国家では、ほぼあらゆる事柄において個人が優先された。しかし、〝帝国〟という概念が生まれてから、画一化への強い流れが生じた。

例えばローマ帝国では、法律、司法行政、衣服、商売などさまざまな事柄がかなり統一された。ローマの文明、習慣、生活様式などはローマ人だけでなく、ローマに支配され、ローマと同盟を結ぶ地方の人々にも強い印象を与え、彼らの多くが熱心に取り入れようとした。ローマ軍によって広大な帝国の辺境に建てられた寺院、円形劇場、住居などの建築物は、大きさの点を除いて、ローマ市内で見られる建築物とそっくりだった。シリアのローマ遺跡で見つかった二世紀の肖像画は、ローマを流れるテベレ川の岸で発掘された二世紀の肖像画と、芸術様式の点でも技法の点でも、ほとんど見分けがつかない。

もし、ローマ帝国が今も存在していたなら、ヨーロッパと中東と北米の文明はローマを手本に発展したと考えられる。しかし、帝国は崩壊し、秩序だった全体が無数の破片に砕け散った。長い期間、西洋文明の主要言語であったラテン語さえ、たくさんの言語や方言に枝分かれした。その結果、画一化の流れはいったん止まった。高度に組織化された帝国政府に代わって、極めて個人主義的な社会や小さな公国が乱立したのである。その後、つぎはぎだらけの布のような混乱状態がしばらく続くが、封建制が生まれたことにより、そのような暗黒時代が衰退し消滅する。中央政府が再び力を持つようになり、統一化と標準化の大波がまた動き始めたのである。

この動きが、過去四〇〇〇年から五〇〇〇年休みなく続いている。近年になるにつれて、人口の急増や社会・経済問題の複雑化、あるいはコミュニケーション手段の大幅な改善などの要素により、傾向はさらに強まり、進行もどんどん速くなっている。現在では、画一化の傾向が全世界ではっきりと確認できる。多くの国では民族衣装が脱ぎ捨てられ、西洋式の衣服を着る習慣が定着した。パリで流行している女性のファッションが新聞で、ラジオで、テレビで数時間のうちにすべての大陸に伝えられ、一週間以内に世界の大部分で流行り始める。例えばイギリスで作られた冷蔵庫と、アメリカ、フランス、イタリア、あるいはドイツの冷蔵庫の見た目はほとんど変わらない。ある国で人気を集めた建築様式は、まもなく数多くのほかの国でも流行になる。

複雑さを増す文明のなかで生まれた政府の例に漏れず、現在、アメリカ政府は体系化と画一化の圧力を強めていて、その結果として、広大にして複雑な官僚体制を生み出している。政府が（政府のようなマネジメントシステムを採用している肥大企業のように）、ほんのささいな事柄にも厳格な規則を適用しようと試みるとき、必ず構造的な画一化が強いられるようだ。言うまでもなく、そのような傾向は、勇気と想像力を失い、まるで心地よい羊水のなかで眠る胎児のように、完全に規制された生活のなかで惰眠をむさぼろうとする求職者や就業者にはとても魅力的だ。

政府が敷く官僚制という迷路は永遠に自己増殖を続け、細胞分裂を繰り返す。そしてますます複雑に、不可解に、広範囲になっていくのである。この動きの裏に悪意のある有力者が潜んでいると言いたいのではない。社会とはそういうものなのだ。これまでもそのように発展してきたし、これからもそのように発展を続けるのだろう。

国家は構造化社会を作ろうとする。アメリカの歴史を見れば明らかだ。もともと、緩やかにつながった一三の州が「政府は最小に、個人の自由は最大に」をモットーにしていたが、独立宣言に署名したときに、それが大きく変化した。今のアメリカには国にも州にも地方にも政府があり、そのどれもが建国の父たちが想像していたよりもはるかに強い権力を持っている。そのため、どの分野で活動しても、政府の介入（規制、指示、画一化）を感じざるを得ない。

確かに、アメリカ国民は地球上のほかのどの国民よりもはるかに、あるいは少なくとも同じぐらい自由だ。では、いったいどれだけ自由なのだろう？　政府はアメリカ国民の自由を、つまり生活と自由と幸福を追求する権利を、すでにどれぐらい侵害しているのだろうか？

とても平凡なことなのに、普通のアメリカ人が決してやらないことがある。しかし、政府が決めた規則を守りながら、それらを実行する許可を得ようとするとき、規制がいかに多いか初めて気づくのである。ほとんどの人はそんなこと考えてみたこともないだろう。

例えば、政府の許可がなければ、普通のアメリカ人はビールを売ることも、結婚することも、狩りや釣りをすることも、車を運転することも、ペットとして犬を飼うこともできない。アメリカのほとんどの地域で、政府に許可を求めなければパレードをすることも、家を建てることも、自宅にバスルームを建て増しすることも許されていない。ペット店や宿泊施設やソーダ水売り場を経営したいなら、警察、厚生、消防などの政府機関から免許や許可を得なければならない。まさに終わりなき役所仕事だ。

生まれたあと、出生証明が書かれて記録されたときに初めて、アメリカ人は人間として認められるのである。その人生、習慣、行動は数限りない行政機関の監視下に置かれ、死ぬときまで、あるいはそれ以降も、記録、登録、審査、監督、規制され続けるのだ。

自由なはずのアメリカ人はある年齢に達すると学校へ行き、決められた科目を決められた期間、学ばなければならない。男性は兵役義務が課せられ、数年にわたって徴兵の対象になる。もし召集されたら、アメリカ軍のために一定期間奉仕することが強いられる。また、性別に関係なく、ほとんどのアメリカ人は社会保障、労働者災害補償保険、所得税、国勢調査、あるいは、連邦、国、州、市が決めるほかの制度に登録される必要もある。

ここで明言しておくが、私はこうした規制は必要だし有益だとみなしている。私たちの複雑な文明には、法律や基準が欠かせない。狩りを無制限に許せば、あっという間に狩猟動物がいなくなってしまうだろう。運転免許をなくせば、交通渋滞した道路やハイウエーにおける事故が今よりもさらに増えてしまうに違いない。ほかの人たちがきれいな家を建てた土地に誰かがみすぼらしい小屋を建てるのを認めるべきではないし、火事のときに逃げ場のない、あるいは住人の健康を害する共同住宅を建てることも許さないほうがいい。今の複雑な世界で国家の安全を守るには軍隊が欠かせないのだから、徴兵制も必要だ。また、まともな人間なら、国勢調査を廃止しろなどと言わないだろう。一億九〇〇〇万人の国民を抱える国家が存続し、機能し続けるには、政府も、法律も、統制も、規制も、それにつきまとうお役所仕事も、絶対に必要だ。しかし、それらが完全な混乱や、果ては崩壊を引き起こしてはならない。

誤解のないようにもう一度強調しておくが、私は反政府的な反動主義者ではない。ここまで指摘してきたような規制が不要だとも思っていない。私の意見では、それらは生活をより安全でより楽しいものにするという目的があるかぎり絶対に必要だ。

それら自体が善か悪か、ということを問題にしているのではない。それらがあるということ、それらが存在し、実践され、強制され、すべての国民に影響を与えているという事実を指摘したまでだ。私たちがすでにどれほどの規制社会に生きているのかということを明らかにするために。

政府があらゆるレベルでさまざまな方法を用いて国内のビジネスと経済を支配していることからも、現代社会が規制社会であるという事実を確認できるだろう。それが好きか嫌いかは別として、いわゆる自由企業体制は多くの人が考えているほど自由ではない。連邦政府だけでもおよそ三〇の独立規制機関を抱え、それらがアメリカンビジネスのあらゆる側面で強大な影響力を行使している。

例として、三つの規制当局の職務と役割を見てみよう。州間通商委員会は鉄道、川船運送、トラック運輸、あるいはパイプライン企業の規制や承認を担当する。民間航空委員会は航空会社の路線と料金を設定し、安全基準を定める。ラジオ局やテレビ局を運営するには、連邦通信委員会の承認を得なければならない。そうした独立規制機関のほかにも、影響力の強い連邦当局が多かれ少なかれ直接あるいは間接的に国家の経済とビジネスを規制している。農作物も価格維持策や農地管理などの方法で規制され、その影響は農家だけでなく、トラック運送業者、食品卸売業者、街角の食品店、そして消費者に及ぶ。政府は連邦準備金の公定歩合、関税、税金などの上げ下げ、あるいはほかの数多くの手段を用いて、ビジネスの活動や拡大に介入できるのである。方法がどうであれ、介入の影響は精算や売上数、雇用統計、あるいは価格指数に表れる。

要するに、大きな政府はあらゆる側面でアメリカのビジネスと経済に強大な影響を及ぼす。私が大きな政府と言うとき、連邦政府だけを指しているのではない。州も、郡や都市でさえも、ビジネスを認可し、税を課し、規制する権限を持っている。言うまでもなく、ちょっとしたきっかけで、今のような経済規制が完全な規制経済に変化する恐れがある。そして、良かれ悪しかれ、現状を見るかぎり、今後も経済規制は増える一方で、減ることはないだろう。

政府が示す手本に従って、多くの国民が一見避けようのない将来を先取りし、画一化されたパターンになじもうとしているのは不思議なことではない。独自の管理体制に官僚的な仕組みを採用した企業や画一化に順応しようとする個人は、私たちの社会に最終的で徹底的な〝構造化〟をもたらそうとする潮流に押し流されているに過ぎない。均質牛乳（ホモ牛乳）を発明した文明がいよいよ均質人間を生み出す未来は、すでに目の前に迫っている。そのことを示す兆候は少なくない。

少し前、科学者とエンジニアの不足に直面したアメリカ連邦政府は、科学者とエンジニアになろうとする若者を増やすための政策を実行に移した。そこで採用したのが、若者にこの二つの職業を選ばせるための方法だ。科学とエンジニアリングを魅力的にするために、国家の主導者や有名人が声明を発表するなどして広範囲にわたる宣伝キャンペーンを行うことで、若者たちの想像力を刺激し、高校やカレッジで科学や技術を学ばせようとしている。膨大な助成金を費やして大学やカレッジの教育施設を拡大し、これまでにないほどの規模の奨学金や研究奨励制度も提供した。

確かに、この政策は絶対に必要で、さらに有益でもある。しかし、今の流れを見ていると、そのうち政府が個人に特定の職業を選ぶことを〝推奨〟するのではなく〝強制〟するようになるであろうことは、少し分別のある人間なら誰の目にも明らかだろう。

ＳＦ小説のファンでなくても、完全に計画された社会でそのような政策がどんな形で行われるか想像できるはずだ。政府の建物のどこかで電子コンピュータがブーンとうなりながら、今後六年間で何人の医者が国に必要になるかを計算している。そこで得られたデータを別の機械に入力すると、すぐにパンチカードが吐き出され、そこには全国職業適性試験の医学部門で最高点を取った高校最上級生の名前が記載されていて、数日以内にその学生のもとに就職通知が郵送されてくるのである。

いつかそのような社会が現れることは、もはや空想の域ではない。現実に起こりうる可能性の一つだ。私たちはすでに構造化社会へ向かう競争において、後戻りできない位置にまで来ているのである。

「つまり、私たちは厳格な管理社会に向かってまっしぐらなのだ！」と抗議の声を上げる読者もいるだろう。この考えは正しくもあり、間違いでもある。確かに、一見したところ構造化社会と厳格な管理社会の間に違いはないように思える。しかし実際には違いが、しかもとても大きな違いがある。私自身、どちらの社会になってもうれしいとは思わないが、どちらかを選べと言われたら、構造化社会を選ぶだろう。

一般的には、厳格な管理社会は全体主義と独裁主義が作り出す社会だと言える。自己中心的でひねくれた少数派が容赦のない方法を用いながら、大多数の人々の権利や幸福や人間の尊厳を完全に無視して作り、運営し、支配するのが管理社会だ。管理社会では、大多数は少数支配者に奉仕するためだけに存在している。少なくとも私の考えでは、管理社会は独裁主義の伝統要素、例えば恐怖、強制収容所などをすべて含み、人間の尊厳の終わりを意味している。

その一方で、私が理解する構造化社会は多数派の積極的な、あるいは暗黙の同意に基づいて発展する。この社会も組織化され、規制され、画一化され、計画されるが、その目的は非道な手段を用いずに大多数のために最大の利益をもたらすことにある。この意味において、構造化社会の政府の意図は少なくとも慈善的であり、人々のためを思っている。支配の方法として、見せ物としての不正な裁判や〝夜と霧〟作戦（ナチス・ドイツが政治犯を逮捕するために用いた作戦）を使ったりしない。

作家のジョージ・オーウェルは、『一九八四年』で完全な監視社会を描いてみせたが、厳格な管理社会とはオーウェルが示した悪夢であり、一方の構造化社会は善意の社会理論家が夢見る退屈で色のないユートピアなのである。完璧に構造化された文明社会は、文字通りゆりかごから墓場まで、完全な安全を国民に約束する。人の欲求は分析され、予見され、満たされる。ただし、その人物が自分で考えて行動するのではなく、政府の専門家や管理者がすべてを決める。彼らが人々を監視し、監督するのである。彼らが人を分類し、能力を見極め、仕事を与え、人生を管理し、その人物に最も適していると思われる形にその人を変えようとする。もちろん〝その人自身〟と〝社会全体〟のためを思って、そうするのである。

まさに作家サミュエル・バトラーが『エレホン』のなかで描いたような社会だが、理論的には、この社会には不安や不足要素がほとんどない。個人が自由競争社会で遭遇するような不安に直面することはめったにないと考えられる。人生はきれいに作られたはしごを登るようなものだ。はしごの段を守ることを任務とする役人の監視の下、人はほかとまったく見分けがつかない段から次の段に上るのである。「全員に居場所を――全員が自分の居場所に」が原則だ。

だから退屈な社会にならざるを得ない。構造化社会が私たちに何をもたらすのかは分からないとしても、絶対に〝もたらさない〟と言えるものがある。個人の冒険と刺激だ。だから、ほんの少しの挑戦もない社会ができあがる。人は与えられた溝のなかをゆっくりと歩くだけ。次のステップで何が起こるかもはっきりと分かる。

〝均質人間〟の時代を近づけるために、多くの力が働いている。人々が抗議することなく、そのような社会が現れるのを受け入れられるよう、力のそれぞれがこのプロセスの地ならしをして条件を整えている。

社会的大宇宙における官僚的小宇宙のために、人々に決まったパターンを押しつけようとする政府の役割についてはすでに述べた。しかし政府だけではなく、ビジネスもまた構造化社会の到来、そしてその結果としておそらくビジネスそのものの崩壊も早めている。過度な組織化、生産よりも手続規則の強調、顧客よりも委員会の重視などが、その兆候だ。

政府官僚の介入に強い不満を漏らす経営者の多くは、自分の会社にも同じような官僚的迷路を作り、出口を見つけられずにいる。組織図、経営指標、山のような書類に埋もれ、実際の経営ではなく書類仕事のことばかりを心配している。

労働組合は構造化の推進に貢献している。昇進の評価基準は会社に対する有益さや能率ではなく年齢であるべきだと主張し続けるからだ。これでは、本当に努力している人物よりもろくに仕事もせずに会社に居座り続ける人物のほうが優遇されてしまう。

学校やカレッジは、知識や関心の幅が狭い専門ばかりを輩出することで、構造化を大いに後押ししている。不幸なことに、卒業生の大部分は非常に狭い分野にしか適応できない。

個人もまた、計画された社会経済システムへの移行を加速する要素だ。なぜなら、彼らはこうした動きに無頓着で、怠惰で、すべてを受け入れてしまっているからだ。多くの局面において、彼らは競い合うように順応し、安全に構造化された楽園で見つけたいかがわしい果実を真っ先に食べようとする。均質文明の夜明けをすでに待ち望んでいる人の数は多いが、一方ではどんな対価を払ってでも安全という超神秘を望む順応者、出世主義、組織人間の熱狂の輪に加わろうとしない者もいる。

では、政府が推し進める画一化や単調化によりますます構造化されつつある社会で、均質人間にならないためには、個人は何をしたらいいのだろうか？　私の考えでは、できることはたくさんある。

まず、警告に耳を傾け、武装しておく。備えあれば憂いなしだ。自分を個人主義者とみなし、自分の人生は自分のものと考え、意思や行動の自由を失いたくないのなら、自分を画一化の罠に落とそうとする活動や動きに用心しておかなければならない。そのためには、例えば新聞を読む、他人の意見を聞く、などといった比較的単純なことが大いに役立つ。ただし、偏見のない広い心とほんの少しの健全な猜疑心を持つことが大切だ。次に、選挙、キャリアや職業の選択、何かを買うときなど、決断を強いられる局面では、その選択に直接関係する事柄だけを考えて判断するべきではない。その選択により自分の人生が制限されることにならないか、人々を画一化しようとする社会の力に感染しやすくなったりしないか、などといった疑問も考慮に入れる。

個人主義者として生きたいのなら、自分が何かを望むときにはその動機を慎重に見極め、安全で楽だという理由で決断を下そうとしていないかよく考えてみよう。できるだけ多くの可能性と自由を維持できる決断を下すように努力するのがいい。自分で決断するには多大な勇気や犠牲が必要になるかもしれないが、その報酬として得られる満足感は、生まれてから死ぬまで政府や当局に誘導された場合よりもはるかに大きくなることが分かるだろう。政府や当局は個人のためを思っているかもしれないが、結局は個人の自由を制限するものである。

世の中には、自分を構成要素の一人、あるいはパンチカードのコード穴の一つとみなす社会を、たとえそれがどんな形であれ拒否する人が存在すると、私は確信している。確かに、完全な構造化社会ができれば、順応者や想像力と主体性と自信と自尊心に欠ける者にとっては、そこはまさに地上の楽園だろう。しかし、そんな社会にも個人主義者はいるはずだ。そして必ず個性を主張して存在を示すに違いない。自分の人生に介入されることを嫌うそのような人物はこれまでも存在したし、今後も存在し続けるだろう。どんな力が彼らを抑えつけようとしても、彼らは自分の人生を生き、自分の力で目標を達成する。

しかし正直なところ、全体的に見た場合、将来の見通しは明るいとはとても思えない。今後も、規制、画一化、統一化がますます進むだろう。人口問題あるいは社会・経済問題がほかの方法では対処しきれないほど複雑化しつつあるのだから。

しかし、個人としての自由を失いたくない人にも希望はある。順応することを拒み、自分を主張し続ければいいのだ。そうすればすべての責任を自分で負わなければならなくなることは確かだし、順応した人々が得るような安心を感じることもできない。しかし、可能性は無限に広がる。

自分を型にはめようとする誘惑に抵抗するのはそれほど難しくない。決められた道を歩むのは安全だが、そこを歩き続ければ墓場まで単調な生活がずっと続くことを思い出すだけでいいのだから。

第四章

投資の極意

ウォール街の投資家

一九六二年五月二八日月曜日、ニューヨーク証券取引所に売り注文が殺到し、株価が一気に下落した。ダウ・ジョーンズ工業株価平均はほぼ三五ポイント下がり、三二年ぶりに一日の下落記録を更新。底値は一九六〇年以来初めて六〇〇を下回り、五七六・九三という数字を記録した。

その日の終わりまでに、ニューヨーク証券取引所で扱われている株式の多くが、一九六二年の高値の三〇パーセントから八〇パーセントの価格で売りに出され、その影響でアメリカン証券取引所や店頭市場でも株価が暴落した。証券取引所からの報告を受けた記者たちは、すぐに反応した。

ウォール街でブラック・マンデー・パニック

市場崩壊により投資家たちは数十億を失う
一九二九年の惨事の再来か

ニューヨーク証券取引所がその日の取引を終えたとき、実際にこのような不安げな見出しが全国の新聞の一面に載っていた。その日以降、専門家やアナリスト、経済学者や情報筋の解説や後付けの分析、あるいは行き当たりばったりの予測などが紙面を賑わせるようになった。そのような状況ではよくあるように、二流の評論家や占い師まがいの解説者の多くが市場崩壊の影響についてきれい事を並べ立てる一方で、ほかの者はまるで喜んでいるかのように事態のさらなる悪化を予言した。

二日後、新聞や通信社の記者が数人、私の前に現れた。彼らは私の意見や反応を知ろうとして、株価の急落にどう対処するつもりか尋ねてきた。私はいたって率直に、市場の動向によって大金を失った人々には心から同情するが、警報を発する必要はほとんど見当たらないし、パニックに陥る理由はまったくないと答えた。

今の経済界の全体的な流れはむしろ好ましいものであり、さらに重要なこととして、将来よりよい方向に発展していくに違いない。さらには、アメリカの経済にも、ニューヨーク証券取引所に名を連ねている会社の大部分にも、何一つ悪いところがない、とも付け加えた。私の考えでは、いくつかの株式がそれまであまりにも高値で取引されていただけの話なのである。理不尽なほど株が買われていたため、価格が非現実的なレベルにまで上昇していたのだ。したがって、五月二八日の市場崩壊は避けられない事態だったのだ。

私は、今回の件で株価が是正されたので、株式市場は以前より健全に、そして現実的になったと話した。どう対処するかという質問に対しては、単純に株を買い続けると答えた。

誰もが株を売っているときに逆に買うのは正気を失ったからではないか、とでも言いたげな目で見つめてくる若い記者に向かい、私は〝投資の初歩〟をレクチャーする教師のような気分になって、こう説明した。「今買わないのは愚かな選択だ。ベテラン投資家の多くも、間違いなく同じことをするだろう。彼らは動揺した人々が売りに出したために安値になっている株に飛びつくはずだ」

私は石油産業に精通していたため、石油関連株を買った。五月二九日、ニューヨーク証券取引所の取引が終わるまでに、私のブローカーたちは私名義で数万株を購入した。ここで強調しておくが、私はそれらの株を〝投機〟ではなく〝投資〟のために買ったのである。そのとき買った株を私は維持するつもりだった。それからの数年間、価値が上がり続けると信じていたからだ。

ずいぶん前から、市場に〝いつもと違う〟動きがあったとき、成功している経営者や投資家に話を聞くことがジャーナリストや金融記者の習慣になっている。そうやって集めた意見、情報、アドバイスは、まだ未熟な投資家のためという建前で公表される。しかし私が記憶しているかぎり、私も含めたベテランの経営者や投資家は、それまでずっと理不尽な投機に対する警鐘を鳴らし、株券はビジネス企業を所有していることを示す証書であり、ギャンブルの投票券ではないと言い続けてきたのである。

手早く金持ちになろうとしても無駄だ。もしそれが可能なら、地球上の誰もが億万長者になるだろう。このことは株式取引も含め、すべての経済活動に当てはまる。

誤解しないでもらいたいが、株式市場を通じて巨大な富を手に入れることは可能だ。だが、一晩で、あるいはでたらめな売り買いで財を成すことはできない。大きな利益を得るのは、よく考えて慎重かつ我慢強く行動する投資家であって、頭に血の上った無謀な投機家ではない。反対に、市場が下向きに転じたときに失うものが多いのは投機家のほうだ。経験豊かな投資家は安値のときに株を買い、値下がりや不景気があっても慌てずに長期的な上昇を待って、ずっと持ち続ける。

「安いときに株を買って、それをずっと手放すな。安ければ安いほどいい。まわりのゴタゴタに気をとられずに、流れに乗り続けろ。長期的に物事を考え、ときどき浮き沈みがあっても無視するんだ……」。これは私が株の取引を始めたときに、有能な専門家が教えてくれた言葉だ。

とても単純な原則なのに、株を買う人の多くは理解できないようだ。彼らは安値のときに買わない。損をすることを恐れている。株価が安定し、上昇するまで待ち、利益が確実だと思えるようになってから初めて買おうとする。しかし多くの場合すでに手遅れで、その時点で株はしまうのである。

最高値を迎えていることもある。そんなときに買っても、株価が少しでも下がれば損失が出て

典型的な例として、私の知人を紹介しよう。一九五五年のある日、私はその人物と昼食をともにした。いろいろな話をしたが、話題の一つが株式市場だった。会話の途中、私は何気なくX社の株が四・五ドルで売られていると話し、そして、その株価が上昇すると考えていると説明した。一九五七年の終わりごろに、株価はおよそ一一・二五ドルになっていた。のちに知ったのだが、知人はこの株を二年間観察し続け、株価が一一・二五ドルにまで上昇したとき、これで安全だと判断し、数百株購入したのだった。それからの六カ月で株価は一三・五ドルにまで上がったため、知人はとても満足していた。しかし、そこで株価が急落した。およそ一〇ドルにまで下がり、そこで停滞したのである。慎重すぎる私の知人は株を売り払い、損失を出した。もっと早い時期にその株を買っていた私は保有し続けた。すでに購入時の二倍以上の値を付けていたのだから。

のちに株価は再び数ポイント上昇し、高値で安定した。現在およそ一五ドル。早い時期に買っていた私は、その株をいまだにしっかりと保有している。数年にわたり、満足のいく配当を得ることもできた。

私は大恐慌の真っただ中で株式取引を始めた。株価は最低水準にまで落ち込み、買い手もほとんどいなかった。投資する資金のある人々のほとんどは不安のあまり、そこに巨大な利益の

森が広がっていることに気がつかない。しかし私はアメリカ経済の将来に絶対の自信を持っていたため、多くの健全な有望企業の株が実際の価値よりもかなり安い値で売られていることに気づいていた。

例えば、私が最初にタイド・ウオーター・アソシエイテッド・オイル社の株を一九三二年に買ったとき、その価格は一株あたり二・一二ドルに過ぎなかった。その後、同社株の平均市場価格は次のように上がり続けた。

一九三三年　八・二三ドル
一九三四年　九・三九ドル
一九三五年　一一・六一ドル
一九三六年　一五・五四ドル
一九三七年　二〇・八三ドル

一九三八年の不況で価格は下がったが、これはときどき起こる下落の一つでしかない。私は持ち株を維持するだけでなく、新たに買い足した。

その後の数年間で、私の自信が正しかったことが証明された。株価は数倍にまで跳ね上がり、私に、そしてほかの株主にも、豊富な配当をもたらしたのである。

一九三二年の五月、私はペトロリアム社の株も買い始めた。同月、一株あたり三・四五ドルで一万株購入した。それから株を増やし続け、一九三三年の九月一四日時点で私は一九万株を保有していた。その月、株価はおよそ一五ドル。それに対して私の一九万株の平均購入価格はわずか六・五三七ドルだ。

ここまで、大恐慌時代の個人的な経験を二つ紹介した。同時代やその後の時代からも、挙げようと思えばたくさんの例を挙げることができる。私が今持っている株のなかには、購入額の一〇〇倍を超える値を付けているものもある。私よりも大きな成功を手に入れた投資家も多い。ほかの例を挙げたところで、そこから導き出せる真実は一つだ。投資家、あるいはこれから投資家になろうと考えている者は、次の言葉を肝に銘じておこう。

「底値のときに買い、長期間売らずに持ち続けた健全な株式は、配当や株価の上昇を通じて大きな利益を生む可能性がとても高い」

これは人々の多くが無視してきた優れた投資の、いわば公然の〝秘密〟である。ほかにも、秘密と呼ぶのは少し大げさかもしれないが、投資家が株式取引の際に不変の法則として頭に入れておくべき事柄がある。

なかでも大切な原則は、当該企業のことをできるかぎりよく知ることなしに株を買ってはならない、という点だ。自称投資家がその会社が何をしているか、何を作っているかをはっきりと理解しないまま大量の株式を購入するケースは、本格的なブローカーが考えているよりもずっと多い。

私の考えでは、一般の人は余った資金を投じることで年収を増やし、最終的には資産をできるだけ増やすための手段として、普通株式の購入を検討すべきだ。

一般的な個人は預金口座の開設、あるいは保険や年金保険を通じて〝投資〟を始める。そして次に国債を買う。経験を積んで自信が出てきたら、普通株への投資を考えるのがいいだろう。そうすることで、自分を守りながら利益を生み出す特定の原則に従うことができるようになるはずだ。

基本的に、普通の投資家は主要株式取引所で公開されている株式のみを購入するのがいい。そう考える理由はたくさんある。非上場株のなかには、無責任な会社の無価値で役に立たない株式も少なくない。たとえ非上場株がまっとうなものであっても、買ったが最後、売るのがとても難しく、その投資に〝縛られてしまう〟ことも多い。

上場株の場合、売買の価格は自由市場における需要と供給の法則に従っているため、常に公正であると考えることができる。しかし、非上場株に同じことは言えない。作為的に高値に設定されているか、時にはまったく無価値の場合もあるからだ。

普通株を買うのは好景気のときに株価が上がってからではなく、安値のときだけにする。ほかの人が売っているときに買い、彼らが買い始めるまでずっと保持する。子供だましのスローガンだと思って侮るなかれ。これは投資を成功させるうえで本当に大切な原則だ。

全体的な傾向として、株価はほかのもの、例えば生活費や賃金などと同じように上昇することを歴史が証明している。もちろん不景気や停滞や不況、時には大不況もあるが、そのあとには必ず回復期がやってきて、ほとんどの株価は高値を更新する。株とそれを発行する会社が健全であるかぎり、底値で買い、それが上昇サイクルに乗るまで待ち続ければ、投資家が損をすることはほとんどありえない。

同時に、賢明な投資家は株式市場の全体像を把握することがもはや不可能であることを知っている。現代の株式市場はあまりにも大きく、そして複雑になったので、今後の動静を全般的に予測することは誰にもできない。

したがって、現在の株式市場を観察する際、特定のグループに注目する必要があるのだが、個々の株式を、例えば工業、航空産業などと分類するだけではまだ十分ではないだろう。現代は科学的にも技術的にも、絶えず革命的な変化や進歩が起こっている時代である。個別の会社だけでなく業種全体を、将来のニーズに歩調を合わせられるかどうかを基準に評価すべきだ。つまり投資家は、投資しようとしている会社の製品だけでなく、その会社が属する産業自体が数年経っても時代遅れになることはないと確信していなければならない。

二〇世紀の初頭、先見の明があった人々は、馬車よりも自動車に将来性があり、馬車の車輪を造る会社よりも自動車のタイヤ業者の株に投資するほうがいいと判断した。

かつて、路面電車産業は優れた選択肢だったが、その時代もバスが路面電車に取って代わるまでしか続かなかった。キャンバス地を使って飛行機を造り続けたメーカーは、総金属製の飛行機が登場したとき、未来を閉ざされた。そして今後、ジェット機やターボプロップ機を製造する業者は、三発ピストン機などを造ることにこだわるメーカーよりも成功し、より多くの利益を上げることだろう。

ここに挙げたのは過去の極端な例で、実際の状況はこれらの例ほど明白ではないかもしれないが、それでも多くの投資家が経済状況を正しく認識できていないことには驚かざるを得ない。彼らは縮小する、あるいは死に向かっている会社や産業の株を買い、時間が経つにつれて成長することが確実な会社や産業に投資する機会を無視するのである。

したがって、投資家は投資先の会社についてできるだけ多くのことを知っていなければならない。資金を投じる前に、次のような質問に満足のいく答えを見つけておく必要がある。

一．その会社の歴史は？　堅実で評判もいいか？　経営陣は有能で、能率的で、経験が豊かだろうか？

二．その会社の製品やサービスには、近い将来も需要があり続けるだろうか？

三．その会社がいる分野は競合会社が多すぎないだろうか？　その会社は競争で優位に立っているか？

四．会社の方針や運営は将来を見据えているだろうか？　不正を働いたり、危険なまでに拡大したりすることなしに、積極的に活動しているか？

五．会社の貸借対照表（バランスシート）は、批判的かつ中立な監査役による厳格なチェックを受けているか？

六．その会社の賃金記録は満足のいくものか？

七．株主に対して定期的に妥当な配当が行われているか？　もし配当が行われていないのなら、正当かつ十分な理由があるだろうか？

八．長期および短期借入金の両方において、会社はまだ安全圏内にいるだろうか？

九．過去数年、株価の推移が極端に広い範囲で説明のつかない乱高下を示していないか？

一〇．購入を検討している時点で、一株あたりの純資産が、普通株の取引価格を上回っているか？

これらの疑問に関心を持たない投資家が実に多い。時には、しばらく利益を出していない会社の株を買うこともある。すると、その株は、投機家たちの使う言葉を借りるなら〝熱く〟なり、数週間や数日のうちに発行額が何倍にも膨れ上がるのだ。ところが、その熱は根拠のない売買によって作られたものであることに誰かが気づくと、価格は一気に下がるのである。

繰り返しておくが、個人的には、しっかりと〝選んだ〟普通株は優れた投資手段だと考えている。今の市場には、買って損のない株がたくさんある。そのうちの多くは、純資産総額が発行済み株式の合計価格の二倍、三倍、四倍、いやそれ以上のケースも多い。

これは投資家にとって何を意味しているのだろうか？　例として、架空のＸＹＺ社を想定してみよう。同社の純資産総額は二〇〇〇万ドルだとする。同時に、ＸＹＺ社は一株一〇ドルで一〇〇万株を発行しているとしよう。計算は簡単だ。純資産総額が二〇〇〇万ドルで、発行済み株式の合計価格は一〇〇〇万ドルなので、前者は後者の二倍ということになる。したがって、ＸＹＺ社の普通株を買う者は、実質二〇ドルの価値のある株を一〇ドルで買うのである。

このような状況は、一般に想像されるほど珍しいことではない。賢明で熟練した投資家は、そのようなケースを見つけるために時間と努力を費やすのである。まれではあるが、とても鋭い投資家が発行済み株式の市場価値とほぼ同等の留保利益を抱えている会社を見つけることがある。そのような会社の株式を買うということは、投資額と同等量の現金を買うのと同じことだ。それに加えて、その会社のほかの資産でも配当が得られるのである。

しかしながら、それとはまったく反対の可能性もあること、そして、それでも投資家は安全であることを、ここで指摘しておきたい。金庫が現金であふれかえっている会社の株を買うことだけが健全な投資ではないのである。とても健全な企業が現金に不足することは珍しいことではない。

もう一つの投資の秘訣は、価格が暴落しても慌てて株を売りに出さないこと。不況期にパニックに陥り、数ポイント下がっただけで株を売り払う者がたくさんいる。そんな者がしばらくしたのちに株価が上がり始めたときにできることと言えば、ただ呆然と見つめることだけだ。

プロの、あるいは経験豊かな半プロの投資家は、価格が高騰し始めるチャンスをうかがう投機家とは違う。ベテラン投資家は掘り出し物の成長株を客観的な目で探し、買い、何年も維持し、そこから大きな利益を得るのである。市場にどんな嵐が吹き荒れても大丈夫なように、気候を先読みし、必要事項をすべて考慮に入れて、あらゆる予防措置を講じる。

小規模な、あるいはアマチュアの投資家は大手投資家やウォール街の資本家には太刀打ちできないとずっと考えられているが、これは誤解だ。ジェイ・グールドが活躍した暗く遠い過去の時代はそうだったかもしれないが、今は違う。冷酷で強欲なウォール街の大物が市場を思うままに支配したり、特定業界の株を買い占めたりできる時代は終わった。第一に、今の株式市場における取引は証券取引委員会（ＳＥＣ）などの監督組織や機関などによって、とても効率的に規制されている。第二に、ほとんどの場合、大企業の株式は数千数万という数の個人、組織、信託グループなどによって保有されている。〝大手〟投資家が大企業の株を比較的高い割合で所有しているケースはまれである。

むしろ今では、プロの投資家が投機家やアマチュアに翻弄されていると言えるかもしれない。市場のパターンを決めるのは投機家やアマチュアのほうだからだ。

プロの投資家は、いわば科学的に、あるいは少なくとも頭を使って株を買う。事実と数字を細心の注意を払って客観的に分析したうえで、長期的な投資を目的として株を買う。数年かけて価値が上がると思える株を集めるのだ。

比較的短期間における株価の不規則な乱高下を引き起こすのは、プロでない者による感情的な売り買いである。政治家のスピーチ、現実逃避した〝象牙の塔〟の専門家の発言や予想、新聞記事、あるいはうわさ話などをきっかけにして、自己流の投資家たちが熱狂的な買い注文や、正気を失った投げ売りに走る。そうした騒乱の間、プロの投資家にできることと言えば、投機家やアマチュア投資家の熱狂やパニックが収まるまで、じっと座って待つことだけだ。

熟練した投資家は、一時的な株価の乱高下に判断を惑わされない。通常、株価が売ろう、あるいは買おうとしていた水準に戻るまで待ち続ける。投資家はギャンブラーでも投機家でもないのだから、慌てて事を急ぐ必要はないのである。

私は特定の額、例えば一〇〇〇ドル、一万ドル、一〇万ドルなどを株に投資しようとしている人から、アドバイスを求められることが多い。しかし、答えはいつも同じである。一〇〇ドル投資するにしても一〇〇万ドルなげうつにしても、私なら主要株式市場に上場されている普通株だけを買うだろう。ここまで紹介してきた原則やチェック項目を利用して、最も健全で有望だと思われる成長株を選ぶ。さらに付け加えるとすれば、株式市場において短期間で巨額を作るための馬鹿げた公式や〝秘密〟を広めようとする解説者や理論家のアドバイスを無視する。近年、〝一夜にして大金持ちになる方法〟を説いた本が数多く出回っている。ベテランの資本家や投資家はそれらを笑い飛ばす。いやむしろ、そのような〝アドバイス〟を真に受けてしまう単細胞な人々を気の毒に思う。一九六二年のウォール街の崩壊は、そうした〝視野の狭い〟

投機家たちを破滅させた。この歴史から、私たちは学ぶべきだ。

経験から教訓を得るために、過去一二年間の市場の動きを振り返ってみよう。最も簡単な方法はダウ平均株価を見てみることだ。

不況だった一九五〇年、ダウ平均株価は一六一・六〇だった。それが一九五二年の終わりまでに二九三・七九に上昇し、一九五三年の中頃に二五五・四九に下落した。その後は上昇を続け、一九五六年には五二一・〇四を記録したが、そこから下降し、一九五七年末にはおよそ四二〇まで下がっていた。

一九五七年の四二〇から、ダウ平均株価は一九五九年の六五〇超えまで上昇し続けたが、その後はしばらくジグザグ模様を描き、一九六〇年後半には五六六・〇五まで下がった。そこから急上昇を見せ、一九六一年一二月一三日に記録的な最高値七三四・九一に至ったのである。

市場が上向きだった一九六一年、ウォール街のベテランたちの一部が一九二九年以前の市場崩壊を引き合いに出して、遠い未来だけではなく今後も株式市場は値を下げるだろうと言い始めた。

かつて、非公式ではあるが経験的に、一株あたりの株価収益率が株の価値の信頼できる指標だとみなされていた。〝株価収益率一〇倍〟がずっと許容できる最大の価格と考えられ、そこまでなら買ってもある程度の利益が期待できるとされていた。

しかし一九二〇年代の後半、GM＝デュ・ポンのジョン・J・ラスコブがとても楽観的な展望に基づき、特定の株はその収益の一五倍の価値を持つという意見を広め始めた。しかし一九二九年の市場崩壊後は、当然のことながらダウ平均株価に含まれる株式の株価収益率はぐっと低くなり、一九五〇年の終わりごろになっても、およそ六対一だった。

近年になって、株価収益率が大幅に見直されるようになった。聡明な投資家のなかには、急速に発展する経済においては、特に健全な会社の株は一株あたりの収益の二〇倍の価格で売られてもいいと考える者が現れ始めた。ほかのプロの投資家たちは、もしある企業が株価を超える代替価値や清算価値を含む資産を明らかに所有している場合は、理論上、株価収益率を重視する必要は少なくなると説いた。

しかし、ベテランの投資家のなかに、熱狂的な買い注文が一部の株価を収益の一〇〇倍以上にまで押し上げていた一九六〇年から一九六二年の状況をよしとする者はほとんどいなかった。この一九六〇年から一九六二年にかけては、まったくと言っていいほど資産も潜在力もなく、それまでずっと利益もほとんど出していなかったような会社の株が、想像を絶する高値で買われることもまれではなかったのである。

一九六〇年に始まったこのブームを引き起こしたのは、インフレに対するヘッジとして株を買い始めた人々だったと言われている。もしそれが本当なら、一部の株価が正気でないほどのインフレを起こしたのは奇妙な話だ。それに、買い手がどんな基準に照らし合わせてみても〝安い〟としか評価しようのない優良株の多くをずっと無視した一方で、一部の株ばかりを

——それらが視界から消えるほど値を上げたあとも——買い続けたことを考えれば、このヘッジ理論はますます説得力を失う。こうした証拠のすべてを眺めてみると、プロでない買い手のほとんどは、深く考えることなしに、ほかの人々が買う人気株に本能的に手を出していたとしか考えられないのである。彼らは頭ではなく心で考えて、投資（これを投資と呼べるかどうかは定かではないが）をしていた。彼らは光の速さで成長する株を求めていた。すでに実質的な価値レベルを大きく超える高値を付けていた株を探し、実質価値が近い将来にその高値に釣り合うほど高まることを期待していたのだ。

ウォール街の古い格言に、「株式市場は自らの行動の理由を、その行動を行ったあとに見つける」というのがある。一九六二年五月二八日の市場崩壊の理由についても、数多くの理論が唱えられてきた。大暴落の原因として、〝外国投機筋の売り殺到〟からケネディ政権による鉄鋼価格の上げ止まりに対する反応まで、さまざまなことが論じられたが、最も明白な理由には誰も気づかなかったようだ。

さまざまな要素が金融危機を引き起こす。例えば一八六九年のケースでは金（きん）を買い占める試みが引き金になった。一八七三年と一九〇七年では、銀行の失策が問題を引き起こした。一九二九年は、アメリカ経済全体の状況と成長率は株価の高騰を引き起こすような買い注文を正当化できるものではなかったにもかかわらず、株式市場は際限なく高騰していた。だから、株価は下落するしかなかったのである。

これまで、一九二九年の市場崩壊と一九六二年の暴落に共通点を見つけようとする努力が数多く行われてきたが、実際のところ、この二つのケースに共通する点はまったくないと言える。一九六〇年から一九六二年にかけて、一部の分野の株式が極めて高い価格で取引されていたのは確かだ。あまりにも多くの株式に、あまりにも高い価格がつけられていた。しかし、一九六二年時点、国家経済の見通しは明るかったし、順調に拡大も続けていた。一九二九年にあったような隠れた深刻な構造的欠陥は、一九六二年の経済には存在しなかったのである。

ほかにも大きな違いがある。一九二九年、株式への投機は主に借金を使って行われていた。つまり、株を買っても利益は少なかった。そのため株価が暴落したとき、金融市場も崩壊した。

さらに、悲観論者たちは都合よく見落としているが、最も重要な違いがもう一つある。一九六二年五月二八日のケースは、本当の意味で市場崩壊ではなかったのである。それはいくらか暴力的ではあったが、むしろ〝修正〟と呼べるものだった。

すでに述べたように、一九六〇年から一九六二年のブームの最中、一部の株は収益の一〇〇倍ほどの価格で売られていた。当然ながら、一株あたりの収益の一〇〇倍もの株価を正当化できるほど成長するのは、どの会社にとっても困難だ。たとえ、会社が収益のすべてを配当の形で株主に還元したとしても、株主が受け取るのは投資額の一〇〇分の一に過ぎないのである。もちろん、収益のすべてを配当に回してしまえば、事業の拡大に使う資金がなくなってしまう。そのため実質上、自己資本を増やす機会が失われてしまう。これほど分かりやすい真実を目の前に突きつけられても、人々は高騰した株を買ったのだ。

そのような困難な状況が生じ、最後は市場が下落に転じたのである。経験豊かな投資家たちは、五月二八日の暴落が起こるずっと前に、異常を知らせる警報に気がついていたことだろう。

先ほど私は、ダウ平均株価が一九六一年一二月一三日に七三四・九一で高値記録を更新したと述べた。その後すぐに下向きに転じ、一九六一年一二月から一九六二年一月まで下がり続けた。しばらく回復の兆しが現れ、三月にはダウ平均株価が七二〇を超えるまで上昇したが、チャートの形がその回復は不確かで不安定であることを示していた。三月に再び下落傾向が始まり、そこからはごくわずかな例外を除いて、チャートは急傾斜で下降し続けた。

一九六二年五月二八日の値崩れはすでに一九六一年一二月に始まっていたと言える。この下方修正は必要で、避けようがなかった。そして五月二八日に暴落が起こるが、これは今生じている事態が起こるべくして起こったことを把握できない、あるいは身の回りで何が起こっているのかまったく理解できないパニック寸前の素人投資家たちが感情的に反応してしまったからだ。エイブラハム・リンカーンの言葉を借りると、市場参加者の誰も自分をずっとだまし続けることはできない。いつかは目を覚ますときが来る。そして、そのときは実際に訪れた。

アメリカが一九六二年に経験したような株式市場の好況と不況の仕組みを分析するのは難しいことではない。現実的な要因で裏付けできる成長ペースを上回るほどのにわか景気があるとき、そこには必ず不況の種が潜んでいる。

少し古くさい笑い話に、自動車の安全装置のうち完全に安全にできない唯一の部品は車輪を止めるナットである、というのがある。同じように、感情的になった投資家を自分自身から守る保護手段は存在しない。

感情的な投資家は、自ら分別なく買い叩いて値をつり上げておきながら、不安に陥り、また分別なく持ち株を手放すのである。不幸なことに、感情に押し流された売り殺到は雪だるま式に勢いを増し、本来なら値が上がってしかるべき株も含めて、すべての株の価格を引き下げてしまう。

したがって、私は、アメリカ国民は次の点を絶対に知っておくべきだと考えている。

一．一九六二年五月二八日金曜日の午後にニューヨーク証券取引所がその週の取引を終えたとき、アメリカの経済は比較的健全だった。
二．同取引所が次の月曜日の朝に取引を再開したとき、アメリカの経済は同等に健全だった。
三．月曜日の慌ただしい取引を終えたときも、アメリカの経済は健全さを失っていなかった。キャンセルされた生産も、失われた雇用も、閉鎖に追い込まれた事業所も皆無に等しかった。一九二九年のように完全に駆逐された投資家は、大口も小口も含めて、ほとんどいなかった。

この三点を聞かされても、五月二八日の株価暴落で資産を失った人々はいい気分にならないだろう。私には、彼らがこの手痛い教訓から何かを学ぶことを望むしかできない。

賢明な投資家なら、現在市場で取引されている株の多くが、依然としてとても〝安く〟売られていることに気づくだろう。例えば、一株あたりの清算価値の三分の一あるいは四分の一程度の価格で売られている株がたくさんある。それが株主にとって何を意味しているのか、ホノルル・オイル社の例を見てみよう。

数年前、ホノルル・オイルの取締役と株主は、何らかの理由から、会社を解散することに決めた。私が大株主を務めていた一会社ともう一つの石油関連会社がこの決断のうわさを聞きつけ、ホノルル・オイルの資産を買い取る意思を表明した。

持ち株をどう処分するか、ホノルル・オイルの株主には二つの選択肢があった。一つ目は、名乗りを上げた二つの会社に株式を売り払うこと。もう一つは、株は手放さずに、会社が正式に解散する前に実価資産を売り、その収益を株主間で分配すること。

ホノルル・オイルの株主は二つ目の方法を選んだ。当時、同社の株はおよそ三〇ドルで売られていたのだが、有形資産の価値は一株あたりに換算すると一〇〇ドルほどの価値があったからだ。つまり、ホノルル・オイルの株主は会社が解散するとき、一株あたり一〇〇ドルを受け取ったことになる。言い換えれば、ホノルル・オイルの資産の現金価値は、発行株式の総額の三倍以上だったのである。

もちろん、株主がこの種の幸運な利益を手に入れることができるのは、会社が解散するときに限られる。しかしそれでも、有形資産の清算価値が株式価値よりも高い会社に投資するのが安全であるという事実は理解できるだろう。もし正味の清算価値が株式価値の三倍なら、株主が投資する一ドルが、三ドルの換金可能資産によって担保されることになるのだ。

そういった会社が、想像以上に多く存在している。探せばさまざまな業界で見つけることができるが、私がよく知っているのは石油業界、特に石油の生産事業に携わっている業界だ。

健全で繁栄している石油会社が発行する株式のいくつかは、どう計算しても株価収益率の範囲内で売られている。そうした会社の一部は、発行済み株式総額の三倍、四倍、あるいはそれ以上の価値の有形資産を有している。なぜそうなのか、理由を一つだけ考えてみよう。石油を生産する会社の貸借対照表には石油やガスの採掘権が載っている。その会社が採掘権に二万五〇〇〇ドルを支払ったとすると、同じ額が貸借対照表に記載されている。しかし、そこには原油が（もしかすると五〇〇〇万バレルも）埋蔵されていることが証明されている土地が含まれるのである。紙の上では二万五〇〇〇ドルの資産でしかない採掘権を、ほかの石油生産会社は数百万ドルを支払ってでも手に入れようとするだろう。このようなちょっとした計算をする意味を忘れないのが、冷静な投資家なのである。ほかの業界にも同じような状況が潜んでいる。賢明な投資家はそれらを見つけ、利用することができるだろう。

私は五月二八日の暴落でも、その後の下落でも、株式市場に対する信頼を失わなかった。そしていまだに株に投資している。つまり、アメリカの経済の健全さとビジネスの明るい未来に数百万ドルを託しているのだ。

以上は、経験豊かな投資家が、好況から利益を得て不況期に損失を避けたいと願う人々に与える基本的なアドバイスだと理解していただきたい。

不動産投資のすすめ

アメリカのほとんどの家庭で、家族の誰かが素晴らしい不動産を手に入れる機会を見逃した、あるいは無視したといった話が語り継がれている。

「四〇年前、祖父が一〇〇〇エーカーの土地を一エーカー一〇ドルで買うチャンスがあったのに台無しにした。今ではその土地は一エーカー三万ドルに値上がりしている……」

「一九三二年に七五〇ドル出せば、メインストリートの南端の空き地を買うことができたのに、先週は同じ場所が二万ドルで売られていた……」

「第二次世界大戦が始まる直前に家を五〇〇〇ドルで売ったんだ。同じ場所が今、土地だけでも一〇倍の価値になっている……」

話題が不動産になると、必ずそのような逸話が語られる。私も家族や私自身が関係する不動産話をたくさん持っている。

一八八〇年代、ミシガン州デトロイト市の人口はおよそ一一万六〇〇〇人だった。私の母の義理の兄であるトラバース・リーチは当時、市の境界線の外側に一六〇エーカーの土地を所有していた。一九世紀の終わりごろ、リーチは数千ドルで土地を売った。彼はそれを実り豊かな決断だと思っていた。

気の毒なことに、トラバース・リーチはデトロイトの人口が一九二〇年に一〇〇万人近くにまで増え、都市部が彼の土地のあたりまで広がるとは予想していなかったのだ。もしリーチが農地を売らずにいたら、彼と彼の相続人は億万長者になっていただろう。一九二〇年までに、一エーカーの価格が一九八〇年代の一六〇エーカー全体の価格を上回っていたのだから。そして今、実質上デトロイトの中心に位置するその場所の土地価格は天文学的な数字に上っている。

一九〇六年、私の父は南カリフォルニアの海に浮かぶ七〇平方マイル（およそ一八〇平方キロメートル）のサンタ・カタリナ島を二五万ドルで買う機会があった。しかし父は断った。のちにリグレー財閥がサンタ・カタリナ島を買い、西海岸で最も有名で、最も収入の多いリゾート地に作り替えた。長年にわたり、サンタ・カタリナ島の価値は数千万ドルと計算されている。

大恐慌の時期、私は南カリフォルニアでたくさんの区画の未開発地を、一エーカー数ドルで買える機会があった。そのころはまだ、売りに出されていた区画のどこも郊外にあり、町や都市に組み込まれていなかった。一九四五年からまわりの町や都市が光の速さで成長し、全方向に広がっていった。かつて実質無価値だった地域が住宅地や工業地帯に変わっていった。大恐慌時代には一エーカーあたり最高でも五〇〇ドルしかしなかった土地が、今では五万ドル以上になっているのである。

しかし、誰かが機会を逃したときには、その裏には必ず別の誰かがいて、その機会を手に入れて財を成しているのである。デトロイトのトラバース・リーチの農場を利用して巨大な利益を得た誰かが必ず存在する。リグレー財閥はサンタ・カタリナ島の潜在価値に気づき、それを買って富に変えた。一九三〇年代に私が手を出さなかった地域を買って、分譲や開発などをして巨大な利益を得た者がいる。

確かに、私の父はサンタ・カタリナ島では低価格で買うチャンスを棒に振ったかもしれないが、ほかにたくさんの賢い、そして実り豊かな不動産取引を実現している。一九〇七年、父はロサンゼルスのウィルシャー大通り沿いの土地をおよそ一万ドルで買い、私たち家族の家を建てた。当時、そこはロサンゼルスの市街地の外側にあり、牧草地に囲まれていて、舗装された道路に出るためには二キロ近く歩かなければならなかった。一九二〇年代、三〇万ドルで土地を買いたいという者が現れたが、父は売らなかった。現在ゲティ財閥が所有しているその土地は、二〇〇万ドルほどの価値があるとされている。

私自身、底値で買った不動産のいくつかが、時にはたった数年で価値が大きく上がったケースを見てきた。例えば、数年前にカリフォルニア州のマリブで数十エーカーの土地を一五万ドルで購入した。不動産ブローカーによると、もし私がその土地を分割して売りに出すなら、おそらく四〇〇万ドルの利益になるそうだ。

私は手早く利益を得るために何かを売ろうとは思わない。四〇〇〇ドルで買ったばかりの採掘権を私に八〇〇〇ドルで売った友人のことが忘れられないのだ。のちに私はその土地に四つの油井を掘り、それからの一二年間、八〇万ドルの純利益という十分な額を取り返した。

ここで不動産取引における自分自身の成功例を紹介したのは自慢や自己満足のためではない。不動産はとても有望な投資対象であるという事実を示すために紹介したのである。

一見しただけなら、私は不動産を簡単な金儲けの方法とみなしているように見えるかもしれない。町外れに安い土地を買って町が育ってくるのを待て、長年じっと我慢したら、いつか高値で売ることができる、という考えを広めているように思う人もいるだろう。

しかし残念ながら、話はそれほど単純ではない。不動産に投資しても、都市が必ず所有地の方向に拡大するとは限らないし、そもそも拡大するかどうかも確かではない。都市の内側に不動産を買っても（これは収益資産と呼ばれる）、価値が上がるという保証はない。例えば近隣地区の人気がなくなり、価値が下がるかもしれないのである。

したがって、価格がどれだけ低くても、未開発地を買うことは設備投資の意味合いを含み、その際の支出はしばらくずっと取り返すことができない。土地の価格が上がり始めるまで何年も一切の収入を生み出さないからだ。しかも、固定資産税などの税金や費用を払わなければならない。何年も続くとかなりの額になるだろう。

以前、私の友人が中西部のある都市の北端に二〇〇エーカーの未開発地を一〇万ドルで購入した。都市が発展して拡大するだろうという彼の読みは正しかった。しかし、人々の好みが南部と東部に集中すると予測することはできなかった。

だから彼は今もその土地を所有している。価値も買った当時からまったく上がっていない。一〇万ドルの投資は一〇年にわたり一ドルの収入ももたらさなかったどころか、彼は固定資産税を毎年払い続けなければならないのである。加えて、その土地の買い手を見つけるためにもかなりの額を費やしたが、すべて徒労に終わった。現時点ですでに、彼はかなりの損失を出している。都市の北部に住民や企業が関心を向けそうな気配が見られないため、土地を売らないかぎり、彼は今後も損失を出し続けることだろう。

要するに、今後投資を始めようと考えている者は、不動産は極めて収益性の高い投資形態ではあるが、同時にリスクも高いことを心得ておかなければならない。通常、土地価格はさまざまな要因に左右される。専門家でも見落としてしまうような要因も多い。土地の価値を正確に評価するのは難しいことが多いうえに、評価を誤れば大きな損失につながりかねない。不動産に多額を投じることのもう一つのリスクは、不動産に巨額を投じたあとに予期せず現金が必要になったとき、損失を出さずに土地を売り払って手早く現金に換えることが難しいという点にある。

株式と同じで不動産でも、賢明で我慢強い投資家が長期的に最も多くの利益を得ることができる。不動産投機家は株式投機家と同じように、短期的な利益を得ることはできるかもしれないが、数多くの取引を行ったところで、長期的な投資家が得るほどの大きな利益を手に入れることは決してできないだろう。

不動産投資家には二つの種類がいる。一つは、値上がりが始まる前に底値で不動産を買い、価値がかなり上がるまで我慢強く持ち続ける人々。彼らは分割しやすそうな未開発地、または投資に対して一定収入をもたらす収益資産を買って、その価値が上がることを期待する。二つ目のグループは、ブームが始まってすぐに不動産を買って、価格の上昇が始まってから参入するので、一つ目のグループよりも高い価格を不動産に支払うことになるが、その一方で、はるかに短期間で利益を出すことができる。

当然ながら、誰もが最初のグループの投資家になりたいと願うだろう。問題は、人々の多くは不動産に投資して長期間寝かせておける巨額の資金を持っていないことにある。また、不動産ブームがやってくるのを早い時期に前もって予測できる人も、ブームがどれぐらい続くかを正しく評価して最大の利益を得る能力を持つ人も多くない。

私の知人の一人は、戦後に住宅不足が起こることを正しく予測し、一九四三年に比較的手頃な価格で大型アパートをいくつか買った。一九五〇年、購入価格の一・八倍で売ってくれという申し出があった。

彼は不動産ブローカーに言った。「これまでの七年間、投資に対してかなりの収入があったが、これ以上の利益は見込めないと思う。不動産価値が今より上がるとは思えない。だから売るつもりだ」

「私には、あなたが大きな過ちを犯そうとしていると思えます。もし私があなたなら、売らないでしょう。これから数年間、不動産価格は今よりはるかに高くなると思います。もし売ってしまえば、素晴らしいチャンスを棒に振ることになりますよ」とブローカーは警告した。

しかし知人はブローカーの予言的アドバイスを無視して、一九五〇年にアパートをすべて売ってしまった。その日以降、彼は自らの決断を後悔し続けている。もし売らずにいたら、彼の不動産は一九四三年の購入額の三倍以上の価値になっていただろう。

今の不動産ブームで、数多くの投資家が同じような過ちを犯している。彼らは、ブームはすでに頂点に達した、あるいはもうすぐ達すると考えて、時期尚早に売りに出してしまうのだ。のちに来るはずの不況を恐れるのである。彼らの考え方や不安は過去の経験、あるいは不幸な結果に終わった不動産ブームの記憶に基づいている。例えば、一九二〇年代におけるフロリダやカリフォルニアで起こった空前の不動産価格の高騰の歴史などだ。

しかし私は、過去の不動産ブームと戦後から今まで続いているブームの間には共通点はないと考えている。狂騒の二〇年代に膨らんではじけた大不動産バブルを引き起こしたのは、ほぼ純粋に投機的な売買だった。熱狂的な取引が行われていた一方で、不動産を本当に所有しようと考える投機家はほとんどいなかった。当時、不動産の所有者はころころと変わったが、それは誰かがその土地を所有したり、そこに家を建てたり、収益資産を運用しようとしたりしていたからではない。不動産の短期〝所有者〟が頭に思い描いていたのはただ一つ、できるだけ早く売ってできるだけ大きな利益を得ること、だった。

一例を挙げると、一九二五年だけでフロリダ州のマイアミには二〇〇〇の不動産会社があり、二万五〇〇〇人の不動産販売員がいた。建前では、彼らは単一の区画から巨大な土地まで扱っていた。しかしほとんどのケースで、彼らが実際に売っていたのは〝手付契約〟だった。買い手は不動産価格の数パーセントのみを支払い、手付契約を手に入れる。そうすることで、三〇日後や六〇日後の次の支払日まで、その人物が不動産の所有者ということになる。買い手の大多数は、少しでも利益が出た途端に手付契約を売り払った。価格は急騰していたので、ほとんどの場合で数日、遅くとも数週間で支払った手付額よりも多くを出す熱心な投機家を見つけることができたのである。

次に紹介するのは、一九二〇年代のフロリダの土地ブームにまつわる笑い話だが、これは実はユーモアというよりも、むしろ真実に近い。その笑い話によると、マイアミで、ある不動産業者が顧客を不動産としてまったく役に立たない薄暗い沼地に連れて行った。顧客は驚いた様子で不気味な景色を眺めた。

「この土地には、これまで誰も何も建てることができなかったんだ！　価値がないじゃないか！」と顧客は言った。

「だからどうしたんです？　ここは所有するための土地ではありません。売り買いするためのものです……！」と言って不動産屋は肩をすくめた。

一方、戦後の不動産ブームは二〇年代のそれとはまったく違う。建設用地、住宅地、工業用地、産業用建物、収益資産など、需要がはっきりしている。そうした不動産を求める個人や企業は真剣に購入を検討し、自分で使うために、あるいは収入目的で貸すために、家や店舗や工場などを買おう、または建てようと考えている。要するに、彼らは本当に不動産を〝所有する〟つもりなのだ。私の知るかぎり、今の時代には純粋な投機家はほとんどいない。

今の不動産価格が高いのは、過去のような理不尽な投機が価格をつり上げたからではない。投資する資金を持つ人の数が増えたことで、全国の至る場所であらゆる種類の不動産に対する需要が大いに増えたからだ。

私の意見では、近い将来に不動産価格が暴落することはないだろう。軽い不況や特定地区での過剰供給はあるだろうが、不動産の全体的な傾向はこれから長期にわたって上向きだと思われる。

最近、私が大株主を務める複数の会社が不動産にかなりの投資を行っている。タイドウォーター・オイル社はロサンゼルスのウィルシャー大通りに一〇〇〇万ドルを費やして社屋を建てた。この建物は現行の制限地区規制が失効すれば、拡大できるように設計されている。オクラホマ州タルサにあるスケリー・オイル社の一五階建ての新社屋も、一〇〇〇万ドルを費やした投資の結果である。より最近では、ゲティ・オイル社が一四〇〇万ドルほど投じてニューヨーク市に二二階建ての社屋を建てた。

これらの企業と私が近年行ってきた不動産投資を見れば、私や私の仲間たちが不動産に信頼を寄せていることがはっきりと分かるだろう。

現在、利益につながる可能性の高い不動産はたくさんある。しかし投資家としてそれを見つけて利益を得たいと望むなら、資金を投資する前と後に何をするか、よく知っていなければならない。すでに指摘したように、不動産は未経験者にとって最も安全な投資形態というわけではない。このことは、住宅の売買という最も一般的な不動産投資にも当てはまる。

住宅を買うときも売るときも、対象の土地または家屋を慎重に選ばなければならない。例えば、目当ての不動産がある場所や近隣地区における不動産の建設および使用にかかわる規制を完全に理解しておく必要がある。その際、不動産業者や近隣住人に尋ねるだけでは心もとない。つる植物に覆われた夢のコテージに引っ越した幸せな家族が、これで気持ちよく目覚められる朝が迎えられると思ったら、隣の土地に接着剤工場や下水処理場の建設が決まっていた、などというケースも少なくない。

また、住宅を建てたり買ったりするなら、建築についてもある程度（多ければ多いほどいいが）の知識を持つことが好ましい。少なくとも、その家がちゃんと建てられているか、自分で判断できるほうがいいだろう。そうしたことを自分で判断できないのなら、誰かそれができる人に買う家をチェックしてもらうか、建設の様子を確認してもらおう。

プロのあるいはセミプロの不動産投資家として成功したいなら、建築学や土地区画法など幅広い知識を持つ必要がある。また、優秀な弁護士も抱えておくべきだ。「占有は九分の勝ち目（紙の上での所有者と事実上の占有者が異なる場合、不動産の所有権を巡る争いは九割方、占有者が勝つ）」ということわざがあるが、たとえそれが本当だとしても、逆に言えば、不動産の所有にまつわる問題は、一〇回のうち一回は法的問題に発展するということなのだから。

不動産投資家になるために普遍的に有効な決まり事を列挙するのは不可能だ。無人地帯の一区画から、居住用、工業用、あるいは産業用の複合施設まで、不動産にはあまりにも多くの種類があるからだ。取引する不動産の種類、用途、場所、あるいは個人的な事情によって、投資家が従うべき決まり事は変わる。しかし種類に関係なく、不動産への投資を検討している者が従うべきいくつかの一般的な規則や指標を、貴重なチェックリストとして挙げることはできる。

一．購入に踏み切る前に、その地域における不動産市場の様子や展望を詳細に調べる。もちろん、価格が低く、今後上昇する見通しがあるときに買うように努める。人口増加率や経済の発展状況などの要素を考慮する。衰退地域の不動産に投資することほど、簡単に財産を失う方法はほかにない。

二．目当ての物件の用途にかかわる知識をできるだけ多く集めておく。言い換えれば、きちんと建てられて家族の欲求を満たすと確信できるまで家を買うな、ということだ。建築についてある程度の知識を蓄えるまで、または少なくとも心から信頼できる建築士と建築業者が見つかるまで、家を建てる計画を立てないほうがいい。モーテルを例とするなら、高確率で利益を出せるほどの経営知識を身につけるまで、あるいは運営を任せられる誰かを雇う場合は、少なくともその人物を効率的に監督できる知識を得るまで、モーテルを買ってはならない。

三．認可を受けた、評判のいい不動産ブローカーとだけ取引する。あらゆることを〝口先だけ〟で約束する言葉巧みで高圧的な不動産屋には気をつけること。そんな人物はたいてい、自分が売っているものに責任を持たない、いい加減な人間だ。

四．改築あるいは建て増しが検討されている物件を買うときは、自分に計画を実行するだけの資金があるか、または調達できるかを確認しておく。

五．できれば、少なくとも一人の公平な第三者に購入予定の不動産を評価してもらう。

六．建物を買うときは、契約前に建築士や建設業者などの公正な専門家に詳細に調査してもらう。これは、コッド岬のコテージだろうが、一〇〇〇部屋のホテルだろうが、広大な工場だろうが同じことだ。アパートなど既存の収益資産を買う際には、公正な会計士に帳簿をチェックさせる。建物や収益資産の所有者がそのような検査を嫌うときには要注意だ。

七．探しているものが小さな家であろうと、超高層ビルであろうと、市場を広く、そして慎重に物色する。すぐに手を出さずにはいられないほど魅力的な掘り出し物を見つけるまで、時間をかけてゆっくりと検討すること。絶対にほしいと思える物件が見つからないかぎり、慌てて頭金や手付金を支払わない。不動産の購入は多額の投資なのだから、無駄なことに資金を注ぎ込んではならない。

八．可能なかぎり最高の法的アドバイスを得たうえで、同意書や契約書などに署名をする。そうした文書の多くが不正、あるいはわざと誤解を生むように書かれていると言いたいわけではないが、文面で使われている数多くの法律用語の迷路を正しく読み解くのは、素人にはとても難しいというのも事実である。誤解を避けるために、耳慣れない言葉が小さな文字で書かれた文章を日常的な言葉に翻訳してくれる弁護士の力を借りることができれば心強い。ベテランの不動産投資家ですら、この点をおろそかにしてしまうことがある。結果、買い手と売り手の言い争いが始まり、たいてい最後は裁判沙汰になるのである。

九．買い取る不動産の所有権に必ず保険をかけること。どれだけ詳細な所有権調査を行っても、その土地の歴史についてすべての真実が明らかになるとは限らないので、いつ誰が所有権を主張してくるか分からない。所有権保険（権原保険）の費用はさほど高くない。不明瞭な所有権を巡る訴訟は高くつくことを、残念なことに私を含めた多くの不動産投資家が身をもって体験している。

一〇．不動産を購入したら、それを短期投機ではなく長期投資とみなす。そうすることで、一〇〇回中九九回、大きな利益を得ることができる。実際のところ、不動産で財産を増やそうと望むなら、例外なく投機ではなくて投資を心がけること。

これら一〇項目だけが不動産投資で成功するための指針ではない。正直なところ、これに従ったからといって不動産投資で利益を得られる保証はないのである。

しかし、これらのルールを守る者は不動産取引における最も一般的な危険の大部分を避けることができると、私は確信している。安心して不動産投資への道を歩み始めることができるだろう。

美術品という名の美しい投資

残念なことに、新聞の編集者が芸術に関する話題のために新聞の一面にスペースを割くことはめったにない。ところが最近、ニューヨーク市でエリクソンの巨匠コレクションが競売にかけられたときは、世界中の新聞でその話題の見出しが躍った。広告界の大物として知られた故アルフレッド・W・エリクソンが集め、彼の未亡人の遺産・遺言管理人が売りに出した二四点の絵画のなかには、レンブラントの三作品（大作が一つとそのほか二作）、フラゴナールとクリベッリがそれぞれ一作、ほかにもハンス・ホルバイン、ファン・ダイク、クラナッハ（父）、テル・ボルフの作品が含まれていた。

レンブラントの大作『ホメロスの胸像を見つめるアリストテレス』とフラゴナールの『読書する娘』はコレクターやキュレーターがよだれを流すほどの傑作だ。この二作は記録的な高値で売れるだろうと予想されていて、競売の数週間前からアート界は総額がどれぐらいになるだろうか、競り落とすのは誰になるだろうかなどといった話題で盛り上がっていた。競売前の時点では、レンブラントが一八〇万ドル、フラゴナールが三五万ドルと予想されていた。

ところが、実際に入札されて支払われた額は、大方の予想をはるかに超えるものだった。レンブラントの主要作のなかで、それまでまだ美術館に収蔵されていなかった唯一の作品だった『ホメロスの胸像を見つめるアリストテレス』を、ニューヨークのメトロポリタン美術館が二三〇万ドルという巨額で落札したのである。これは長い歴史のなかで一枚の絵画に支払われた最高額だった。それまでの記録は一九三一年、ラファエロの『アルバの聖母』をソ連からワシントンのナショナルギャラリーへもたらすために、アンドリュー・メロンがソビエト政府に支払った一一六万六四〇〇ドルだったのだから、実に二倍の値がついたことになる。

フラゴナールの『読書する娘』は八七万五〇〇〇ドルでナショナルギャラリーが買った。この額は、ルーベンスの『東方三博士の礼拝』が七七万ドルで売られた一九五九年以降、一枚の絵画に支払われた二番目に高い金額だった。ちなみに、私も競売に参加していたのだが、五六万ドルで入札をやめたのだった。

この例が示すように、美術品市場はとても盛況であり、さまざまな点で美術品は素晴らしい――最高に美しい――投資対象なのである。しかし、これは何も今に始まったことではない。

一九二八年に、エリクソンは『ホメロスの胸像を見つめるアリストテレス』をデュビーン兄弟から七五万ドルで買った。大恐慌時代、エリクソンは同絵画をデュビーン兄弟に五〇万ドルで売り返したが、その後一九三六年には再び五九万ドルで買い戻した。単純に計算すると、彼はその絵に八四万ドルを支払ったことになる。この額と、最近更新された最高落札額との差は一四六万ドルだ。

確かに、エリクソンは同絵画を最初に買ってからもう一度デュビーン兄弟に売り返した時点で、三分の一の損失を出していたことになる。しかしこの点については、当時の経済状況を考慮に入れなければならない。エリクソンが最初に買った一九八二年は好景気のピークだった。そして不況のどん底で売ったのだ。

このことを正しく見通すには、この期間にビジネスや投資がどのような状況にあったのかを知らなければならない。株価は急落し、最優良株中の最優良株であったUSスチールですら、ピーク時の二六一・七五から二一・二五にまで落ち込んだのである。一九三二年、アメリカ産業は一九二九年の大暴落前の最高時に比べて半分以下のレベルで操業していた。一九三二年の賃金は一九二九年の六〇パーセントに過ぎなかったし、まだ配当できていた企業が支払った配当は五七パーセントも目減りしていた。そうした状況のなかで、エリクソンが絵画で三分の一の損失しか出さなかったのは、美術品は素晴らしい投資対象であるという私の主張が正しいことの強力な証拠ではないだろうか。

誤解のないように付け加えておくが、アルフレッド・W・エリクソンが、あるいはほかのコレクターが美術品を買うのは、のちに売り払うことで利益を得るためだ、と言っているのではない。私も美術品を集めているので、コレクターはあくまでコレクターであり、ディーラーではないことをよく知っている。

大物アメリカ人美術品収集家の動機を分析したアリーン・B・サーリネンはこう書いている。「彼らの誰もが、自己表現の主要手段として美術品を集めるという点で明らかに共通している」

原始芸術の世界的収集家の一人であることで知られる彫刻家のジャック・リプシッツはこう説明する。「美術品の収集とは、人間について、人間の感情や自己表現について、自己表現のために使う素材について、その素材の使い方について学ぶことを意味している」

この意見に異論はないが、私はさらに一歩か二歩先を見ている。真剣なコレクターのほとんどと同じように、私は自分の美術品をただそこに置いておくだけの装飾品とはみなしていない。私にとって、美術品は創作者の生き生きとした分身なのである。作品には、作った人物の希望や不満が、そして作られた時代や場所が反映されている。芸術家はとうの昔に死に、属していた文明は崩壊しているかもしれないが、彼らの芸術は生き続ける。

コレクションから得られる興味や喜びは、美術品の値段とは関係ない。作品自体が示す永遠の美しさと失われることのない基本価値が喜びをもたらすのだ。コレクターは作品の美しさに喜びを感じるのであり、この刺激は決してなくならない。

一六世紀のイタリアの詩人フェデリコ・ダ・ポルトは、ベネチアの政治家にして歴史学者のマリノ・サヌードの膨大なコレクションを訪問したとき「驚き、圧倒された」と認めている。

この訪問について書かれたダ・ポルトの詩を読むかぎり、一五〇〇年代のコレクターは現在のコレクターと同じ考えを持っていたようだ。そしてダ・ポルト自身、サヌードが感じていたに違いない恍惚や喜びの感覚のとりこになった。その喜びはきっと、現在サヌードのコレクションを所有しているコレクターが感じている感情とまったく同じ強さだったに違いない。ダ・ポルトはこう書いている。

導かれるままに階段を上ったとき
広い廊下が目の前に広がっていて
まるでそこはもう一つの海であるかのようで
珍しいもので満たされていた
輝かしい絵画で壁が隙間なく覆われ
さまざまな像、あらゆる装いの男たち
数え切れないほどの見慣れぬ情景が私たちの目に飛び込んできた
ここはスペイン、そこはギリシャ、そしてこちらにはフランスの服飾市場

コレクション、そしてコレクターとはそういうものなのである。コレクターは所有する芸術作品の奇跡に感動し、それらの美をほかの人たちと分かち合うために展示する。彼らコレクタ

ーは目当ての作品を手に入れるためにかなりの額を、時には全財産をなげうったりするが、金銭的な価値がそのような行動の主な理由ではないことは確かだ。

それでもやはり、芸術は素晴らしい投資対象であるという事実は否定できない。絵画、彫刻、タペストリー、骨董家具、そのほかありとあらゆる芸術作品の価格は、ここ数年間、上昇し続けている。なかには、高騰と言っていいほどのものもある。もちろんその主な理由は、芸術作品の基本価値は永遠に変わらないだけでなく、時間が経つにつれて高まっていくことに気づいた人々が増えつつあることにある。そのため、人々が競うように芸術作品を手に入れようとし始め、価格が、つまり人々が支払う金額が上がっているのである。

この傾向は特定の流派や様式、時代、媒体に限られたことではない。無作為に選んだ例をいくつか見るだけでも、芸術作品の金銭価値が急上昇していることが分かるだろう。

一八八五年、ロンドンのビクトリア&アルバート博物館が一八世紀のイタリアを代表する巨匠ジョバンニ・バッティスタ・ティエポロの絵画を一〇〇〇点以上購入した。当時、ティエポロの素晴らしいフレスコ画はイタリア・ベネチアのラビア宮殿、ドイツ・ビュルツブルクの司教館、スペイン国王カルロス三世の王の間など、さまざまな住居や教会や公共の建物で称賛を集めていたが、彼の絵画に対する関心はあまり高くなかったので、ビクトリア&アルバート博物館は一作品につきおよそ一〇セントで買うことができた。それが今では、もし同博物館が売る気になれば（もちろん売る気などないだろうが）、どの作品にも最低一五〇〇ドルの値がつく言われている。

一九世紀のイギリスの巨匠Ｍ・Ｗ・ターナーは生涯を通じて数多くの水彩画を描いた。一九四〇年代、それらは五〇〇ドルから一〇〇〇ドルで売られていた。現在、大判のターナー水彩画が二万五〇〇〇ドルを下回ることはないだろう。

ポール・ゴーギャンの『手紙を待つ女』は、かつて五〇ドル以下で売られていたそうだ。その絵が一九五九年のオークションでは三〇万ドル以上で落札された。同じ年、かつてオークションで一五ドルで売られていたジョルジュ・ブラックの初期の作品を、クイーンズランド・アート・ギャラリーが一五万五〇〇〇ドルで競り落とした。同じく一九五九年、一二五〇年ごろに聖オルバンズ大聖堂のマシュー・パリスの指揮下で作られた飾り付きの手記が一九万ドルで売れた。数年前までは同様の手記が一一万五〇〇〇ドル程度で取引されていたのだから、かなりの値上がりだと言える。

同じようなことが、古代の小像から現代の抽象的表現主義画家やアクション・ペインティング画家の作品、あるいは溶接トーチ派の彫刻作品、タペストリー、絨毯、古美術家具に至るまで、あらゆる媒体、時代、流派の作品に当てはまるのである。

私が買った美術品の金銭価値も上昇している。作品によっては、買ってから数倍になったものもある。

一九三八年、私は歴史的な価値が非常に高く、伝説とさえみなされているアルダビール産のペルシャ絨毯を買った。一五三五年にタブリーズ（イラン）の王家の織機で作られたものだ。イスラム教徒のペルシャ人はこの一一×二四フィートの絨毯の美しさに魅せられ、それを「キリスト教徒の目に見せるのはもったいない」と言ったほどだ。しかし、〝キリスト教徒の目〟はこれまでずっとこのアラダビール絨毯を見て、そのたびに驚き続けてきた。

アメリカ人画家のジェームズ・ホイッスラーはこのアラダビール絨毯を見たあと「これには、今まで描かれてきた絵画すべてと同じ価値がある」と言った。その絨毯は最高の技術と緻密な繊細さで紡ぎ出された輝く色の交響曲であり、西側世界では絨毯の最高傑作二作品のうちの一つと一般的にみなされている。

そのアラダビール絨毯は一九一〇年に二万七〇〇〇ドルで売られていた。九年後、有名画商のデュビーン卿が五万七〇〇〇ドルで購入した。そして私が一九三八年にデュビーン卿から六万八〇〇〇ドルで買ったのである。その後、私のもとにはそのアラダビール絨毯を買いたいというオファーがたくさん舞い込んできた。当時のエジプト王ファールークも二五万ドルを提示した。私はすべてのオファーを断り、ロサンゼルス・カウンティ美術館に絨毯を寄贈した。一九五八年、同美術館が絨毯の価値を一〇〇万ドルと試算した。一九一〇年の売値の四〇倍、私が買ったときの価格のほぼ一五倍である。

アラダビール絨毯を買ったのと同じ年、私はオランダの巨匠レンブラントが一六三二年に描いたマーテン・ルーテンの肖像画も買っていた。六万五〇〇〇ドルを支払ったが、一〇万ドルぐらいを覚悟していたので、安い買い物だと思った。それからの年月でこの絵の市場価値は目を見張るほど上昇した。だが、私はそれもカウンティ美術館に寄贈したので、もし売れば今ならどれぐらいの価値になるのかは専門家にしか分からないだろう。しかしながら、レンブラントの『ホメロスの胸像を見つめるアリストテレス』に二三〇万ドルの値がついたのだから、マーテン・ルーテンの肖像画の価値も私が買ったときの数倍になっていると考えられる（注）。

芸術作品を手に入れる、言い換えれば優れた投資をするためには、著名な巨匠の作品を買わなければならない、というわけではない。

例えば、一八九三年から一九二三年まで生きたスペイン人画家、ホアキン・ソローリャ・イ・バスティダ。一九三三年、私はニューヨーク市で開かれた展覧会に足を運び、彼の作品を素晴らしいと感じた。そこで一万ドルを費やして、絵画を一〇点購入した。その後、世界が彼の才能に気づいたため、私が買った一〇作品の価値は一九三八年時点で合計四万ドルに跳ね上がっていた。現在ではホアキン・ソローリャ・イ・バスティダはスペイン最高の画家二〇人の一人に数えられている。もし一九三三年に買った一〇作品を売ればどれぐらいの額になるのか、私は想像する気にもなれない。

また、今後価値が上がることが確かなコレクションを集めるのに、数千ドルどころか数百ドルを費やす必要もない。今も昔も、芸術作品には本当に手頃な価格で手に入るものがある。

コレクターは誰もが必ず心の片隅で、安い買い物をしたところ、のちになってそれが過去の巨匠の失われた作品だった、などという大発見をしたいと願っている。そうしたことが実際に起こったことも何度かある。私も経験者だから間違いない。

およそ二五年前、私はロンドンのサザビーズで展覧会に出席していた。売りに出されていた作品のなかに、イタリアで描かれた少し古い聖母像があった。サザビーズの専門家の説明では、画家は不明ということだった。聖母像の保存状態は悪く、汚れもひどかったのだが、私は気に入った。ラファエロを彷彿とさせる、と感じたのだ。私はその絵を二〇〇ドルで買った。

一九六三年、私はその絵を修復させることに決め、トマス・アグニュー&ソンズという有名修復業者に仕事を依頼した。するとまもなく、業者の人間が興奮した様子で電話をかけてくるではないか。その絵は本当にラファエロの作品だと言うのである。しかもアルフレッド・シャーフをはじめとする名だたる専門家が太鼓判を押した。私が二〇〇ドルで買った絵はラファエロが一五〇八年から一五〇九年に描いた『ロレートの聖母』という作品だったのである。本当の価値は一〇〇万ドルを超える。

確かに、普通の美術愛好家が街角のガラクタ屋で実は三〇万ドル価値を持つゴーギャン作品、一五万五〇〇〇ドルのブラック、あるいは一五〇〇ドルのティエポロを見つける可能性はとても低いだろう。しかしその一方で、最近ロンドンの美術評論家がダブリンの小屋のなかで見つけた煤で汚れた五枚のカンバスを調べたところ、グアルディの人物画だったことが明らかになった出来事などを見ていると、希望がまったくないとは言い切れない。

巨匠の失われた作品を発見するよりも、あまり有名ではない芸術家の優れた作品を手頃な価格で買える機会に出くわすことのほうが、はるかに多い。町外れの美術商や骨董品屋、あるいは古本屋でも素晴らしい版画や銅版画が見つかることがある。もちろん、まだ無名ながら将来有望な才能ある若い芸術家の作品を買うことでも利益を上げられる。今はまだ駆け出しでも、将来的に高い価値を獲得するであろう芸術家が存在することは、説明するまでもないだろう。

つまり、予算に乏しい人でも美と喜びに投資するにふさわしい作品を手に入れることは、そして経済的な利を得ることは可能なのである。私自身、手頃な価格で買った芸術作品の価値が急上昇したことがある人々をたくさん知っている。

少しばかりの常識と識別眼があれば何ができるかを示す分かりやすい例として、私の知人ジャーナリストの経験を紹介しよう。そのジャーナリストはニューヨーク、ロンドン、パリ、ベネチアと幅広く活動していた。美術通でもなければ、裕福でもない。でも彼は美術商や骨董品屋、あるいは古本屋に入って商品を眺めるのが好きだった。時には何かを買うこともあった。彼の趣味は広範囲に及ぶ。自分の美的センスを満たしてくれるものなら、古いものから最新のものまで何でも買った。ただし、買う決断は慎重にした。その結果、総額二〇〇〇ドル程度で集めた彼のコレクションは、六年後にはすでに最低でも八〇〇〇ドルの市場価値があると言われている。

彼の投資が成功した典型的な四作品を紹介しよう。どれも、彼が頻繁に訪問する四都市で買ったものだ。六年前、彼は若いグリニッチ・ビレッジ・アーティストの水彩画を三点一四〇ドルで買ったが、今では各作品それぞれに一二五ドルの売値がついている。一九五七年にロンドンにいたときに一七ギニー（五一ドル）で買った六枚一組の小さな額縁入りグワッシュ画には、最近二五〇ドルのオファーがあった。一九五八年のパリでは、一九世紀初頭の版画をおよそ二四ドルで買った。二年後、アメリカ人画商が一五〇ドルでそれを売ってくれと申し出た。もう一例、その知人ジャーナリストがベネチアで若いイタリア人画家フィオラビンテ・セイベッツィの二枚の絵を見つけ、恋をしたのは去年のことだった。彼はその二枚をそれぞれ三万リラ（およそ五〇ドル）で買ったが、それからまもなくしてセイベッツィはワンマンショーを行い、大人気を博した。結果、知人の買った絵画の価値は三倍に膨れ上がり、今も上昇を続けている。

知人のもとには買いたいというオファーが殺到したが、すべて拒否した。まだまだ価格が上がることを知っているから売らないのではない。彼は本当に芸術を愛するコレクターなのである。「自分の手元に置いておきたかったから買った。どれだけの額を提示されても売りたくないほど作品のことを愛している」。彼はそう説明する。

彼ほどの芸術投資家としての鋭い洞察力がないため、観光客や出張旅行者の多くは旅の途中で芸術に投資する機会を逃しているのではないだろうか。彼らはほとんど、あるいはまったく価値のない大げさな土産物を買うために大金を支払うことが多い。ありふれた土産物を買うのと同じような苦労と出費で、美しいものを――そして永遠に価値を失わないものを――手に入れる機会があることに気づかないのである。

私の知人に日本と韓国に赴任していた軍人がいる。東洋美術にそこそこ関心があった彼は、勤務のない時間を国に買って帰る美術品を探すことに費やした。大通りの店や観光客用の露天などは避けて、人目につきにくいところにある店舗や市場などを見て回る。そして総額三〇〇ドル以下でいくつかの芸術作品を買った。すると、サンフランシスコの美術商が一五〇〇ドルでそれらの買い取りを申し出たのだった。

もう一人の別の知人は、一九五六年に妻を連れてトルコ旅行をした。二人は地中海諸国でありがちな観光客向けの安物ではなく、旅行者があまり手を出さないようなものを慎重に品定めして、古い鋳造物や小像や彫刻を六五〇ドルで手に入れた。同年、アメリカに戻った夫妻が専門家に見せたところ、それらに一四〇〇ドルの売値がつけられた。その後の五年間でさまざまな要素が重なって価値はさらに上がり、一九六一年には二〇〇〇ドルになっていた。

ここで紹介した人たちは誰一人として芸術の専門家ではない。知識に乏しい彼らは、本を読んだり、ギャラリーや展覧会を訪問したり、美術商や骨董品屋の商品を眺めたりしながら買う対象を選んだのである。彼らにとって、美術品の収集はとても楽しい自由な関心、つまり趣味に過ぎない。彼らはそうやって集めたものを身の回りに置くことを楽しみ、自分たちの美的センスを満足させるのだ。芸術作品が人生を楽しいものにしてくれると考えるのである。

美術品収集の基礎を身につけるのは難しいことではない。普通の人にはレンブラントやフラゴナールやゴーギャンなどの絵画を――そもそもそれらが売りに出されていたら、の話だが――数十万あるいは数百万ドルで買うことなどできないだろう。

しかし、数百ドルしか余裕のない人でも、優れた芸術、質が高く価値が上がり続けるに違いない作品を買うことはできる。

芸術作品を最も安全に手に入れる方法は、専門家を雇うか、評判のいいギャラリーだけで買うことだと考えられる。しかし、その方法では最も高い市場価格を支払うことになる。それでは予算オーバーになるため、多くの人は自分で作品を探す冒険を楽しむ道を選ぶ。

ただし、自分の力で賢い買い物をするつもりなら、まず何より、どの時代のどの種類の作品にいちばん心を引かれるか、自分で知っておかなければならない。好みの対象についてよく学んでおくべきである。知識は多ければ多いほどいい。市場には複製やまがい物がたくさん出回っている。それらを本物から区別する手段は知識しかないのだから（当然ながら、良心的なディーラーは顧客に作品を鑑定する権利を認める、または独自で鑑定した結果を公表する）。

では、何を買うのがいいのだろうか？　この問いの答えは二つの要素に左右される。一つは個人の趣味。かなりいい趣味を持つ者が、賢い買い物をすることができる。もう一つの要素は経済力だ。コレクターは財布が許す範囲内で最高の作品を買うべきである。一つの優れた作品は、一〇あるいは一〇〇の駄作よりも価値がある。

芸術的価値は必ずしも市場価値と一致しないことを忘れてはならない。だが、コレクターが作品の芸術性を高く評価し、それ自体の美しさを楽しみながらも、投資した額に見合うだけの満足を得たいと願うのもまったく間違ったことではない。不良品に大金をはたくのは愚かなことであるのと同じように、駄作に多額を投じるのも愚かな行為である。商品の持つ価値以上の額をわざと支払うのは愚か者がすることだ。

では、自分がある作品を買っても後悔しないほど気に入っているかどうかを知るにはどうすればいいだろうか？　経験上、次の古典的な質問を自分に投げかけてみればいい。「いつまでも飽きないだろうか？」。絵画でも大理石の胸像でもフランスのルネッサンス期の机でも、なんらかの作品を所有する者は、それをずっと何度も目にすることになる。もし買うかどうか検討している作品が永遠に自分を喜ばせてくれると思えるなら、ほかの要素は無視して買うべきだろう。もしそう思えないのなら、別の作品を探せばいい。「私は気に入ったものを買い、買ったものが気に入る」。これこそが真のコレクター哲学なのである。

買ったあとに作品をどうするかは個人の自由だ。基本的に二つの選択肢がある。しばらく持ち続けて、市場価値が上がったら売って利益に変える。または、買ったものを手放さずにずっと楽しみ続け、市場価値がどれだけ高くなっても売りに出さない。この道を選ぶ者は、自分は賢く投資したと満足していい。なぜなら、永遠に芸術的な価値を失わない何かを所有し、それの金銭的価値が上がるにつれ、喜びという形で配当を得続けることができるのだから。いずれの形にせよ、芸術作品の購入は最も美しく、最も満足できる投資の形だと考えられる。

※273ページの注

一〇〇万ドルのアラダビール絨毯とレンブラントのマーテン・ルーテン肖像画のほかにも、J・ポール・ゲティは極めて価値の高い芸術作品をロサンゼルス・カウンティ美術館に寄贈している。ちなみに、税金対策の一環として寄贈したわけではない。

ゲティは今でも数百万ドルの価値のコレクションを有しているが、その大部分はJ・ポール・ゲティ美術館に寄贈されている。コレクションのなかには、ブーシェ・タペストリー、貴重な絨毯、あるいは一八世紀のフランス家具などが含まれている。ウォレス・コレクション美術館の館長にして、この分野の最高権威として知られるサー・ジェームズ・マンの鑑定によると、それらはルーブル美術館が所有している作品よりも貴重らしい。ほかには、紀元前四世紀から五世紀ごろのギリシャの大理石像（有名なエルギン・マーブルも含まれる）、テラコッタ像、銅像、ローマ時代の肖像画や彫像、かの有名なランズダウンのヘラクレスなどがある。絵画としてはティツィアーノ、ロット、ティントレット、ルーベンス、ゲインズバラなどといった巨匠の作品が含まれている。これらのどれもが、カリフォルニア州マリブのパシフィック・コースト・ハイウエー沿いにあるゲティ所有の大美術館で豪華に展示されている。この美術館は無料で一般に公開されている。（編集者）

第五章

金と価値

金のモラル

大金持ちや億万長者、あるいは大富豪などといった言葉にはどこか魅惑的な魔力が備わっている。人々の多くがこの言葉が意味するものに引かれ、そして自分も富を積み上げて最後にはそう呼ばれるようになりたいという考えに魅せられてしまうのも不思議ではない。

どうやらそうした人々は、億万長者は現金をたくさん持っていて、ベッドの下や書斎の壁に隠した金庫に保管し、好きなときに好きなだけ使えると思っているようだ。それに、現金があれば何でも買えるし、どんな問題も解決できる、とも考える。

しかし働く億万長者、つまり積極的にビジネスに携わっている裕福な人々について、この考えは当てはまらない。第一に、たとえある経営者が数百万ドルの〝価値〟を持っているとしても、彼が実際に使える富はそのうちごくわずかでしかない。富の大部分は、土地、建物、機材、設備、資材、完成品の在庫などに投資されている。つまり、事業を構成するものや経営に不可欠な要素に結びついている。

経営者が好きにできる大金を持っているのは、ビジネスを放棄し、所有財産を売って現金に換えたときぐらいで、現役バリバリの経営者が個人的に持っている現金は全財産のほんの一部に過ぎないのである。そして、成功した経営者がすべてを売り払うことなどめったにない。優れた経営者は、有益な目的を持たない富には存在する価値がないことをよく知っている。そうした人物はビジネスを創造的なアートとみなすと言えるかもしれない。彼は現金を資本として使い、ビジネスと雇用と製品とサービスを創造するために投資を繰り返す。

加えて、成功した経営者は、富があるからといって年がら年中好きなことばかりして遊んで暮らしてもいいというわけではないことも承知している。金には人々のためにたくさんのことを実現する力があることを知っているのである。同時に、金には人々に、彼らの生活に、人格に、道徳観や知性に、悪い影響もいい影響も及ぼす力があるということも。

人は富とともに暮らす方法を学ばなければならない。それは想像以上に難しいことなのだ。裕福になった者は裕福に生きるために、考え方を変える必要に迫られる。その際、価値に対する見方や感覚を失ってはならない。豊かであるが故に生じる問題や、富に群がってくる人々に対処する方法を学ぶ必要もある。確かに、成功した経営者は家賃や食事の支払いの心配をする必要はないかもしれない。個人的な欲求を満たす財力はあるだろう。しかし、だからといって経済的な心配がまったくないわけではない。経営者の富は自分が取りしきる事業がもたらす利益から生まれる。しかし、利益が生じるかどうかは、事業を効率的に運営できるかどうかにかかっているのだ。結果として、経営者は常に金銭的な〝問題〟を抱えることになる。

会社が赤字を出しているとき、経営者はすぐに状況を改善する方策を取らなければならない。会社の拡大や近代化に資金が必要になることもあるだろう。会社が借金をしたときには、できるだけ早く返済する必要もある。経営者はこのような数々の金銭問題に絶えず頭を悩ませ、時には心配もしているのである。信じてもらいたいが、例えば五〇〇万ドルの債権を返済しなければならないときの経営者の心配は、週給七五ドルの店員が五〇〇ドルの借金の返済に迫られたときに覚える不安と同じように苦しく、切実で、個人的なのである！

経済的な成功を手に入れ、億万長者とみなされるようになった途端、人は注目の的になり、富が増えるにつれて状況は悪化する。ほかの経営者とレストランでランチをしている場面が目撃されたら、数時間後にはたくさんの人が電話をかけてきて、合併や株式分割や臨時配当の計画があるといううわさは本当なのかと問い質してくる。社交会に出席して若い女性と何度かダンスすれば、〝新たな熱愛〟のうわさがダンスホールでささやかれ、最後はゴシップ記事に掲載される。ランチの席では趣味や競馬の話で盛り上がったのかもしれない。ダンスの相手は姪やいとこだったのかもしれない。それでも結果は同じで、あらぬうわさが広がってしまう。

富はさまざまな利点をもたらしてくれるのは確かだが、いいことばかりではないのである。豊かな経営者は、富や地位にもかかわらず多くの問題に悩まされることを覚悟しておかなければばならない。成功と富に対する称賛と尊敬を手に入れる一方で、無視できないほど多くの人々がまさにその成功と富をねたみ、成功者を憎むのだ。成功者が何かを言ったりやったりするたびに、称賛されるのと少なくとも同じ数だけ批判されることになる。

ある意味、億万長者に勝ち目はない。好きなだけ浪費すれば、贅沢だ、自慢が鼻につく、と言って批判される。静かに質素な生活を送れば、さっきまで浪費を批判していた人々がケチだと文句を言ってくる。パーティーやナイトクラブに行くと遊び人のレッテルが貼られ、大人としての成熟度と責任感に疑問が投げかけられる。そして社交会や催事を避けると、付き合いが悪い、人間嫌いだと罵られる。

豊かな人物を目の敵にする人々には、ほんのささいな事柄さえも大問題に見えてしまうようだ。例えばチップ。経験から、レストランで多めのチップを支払えば、一部の人々は私のことを嫌みたらしい男とみなす。だが少ししかチップを払わなければ、すぐに同じ人物が「ポール・ゲティは守銭奴だ」と言うのである。記者に話をすれば宣伝屋だと呼ばれ、インタビューに応じなければ非協力的あるいはマスコミの敵とみなされ、ゴシップ記者たちが「最近のポール・ゲティは異常に無口だ。何かとても重要なことを隠そうとしているのだろうか？」などと書き立てる。

私は愚痴を言っているのだろうか？　いや、そうではない。私は億万長者が、悲しいかな、甘んじて笑顔で受け入れなければならない物事を指摘しているだけである。

確かに、裕福な者は〝物〟をたくさん買うことができる。大きな衣装棚、自動車、素晴らしい邸宅、召使い……贅沢な暮らしに必要なものは何でも手に入る。それらをどれだけ楽しめるかは人それぞれだ。それが現役の経営者である場合、事業にどれだけ時間とエネルギーを奪われるかによって、贅沢をどれほど楽しめるかの大部分が決まる。

私の場合、一日に一六時間から一八時間働くことは頻繁に起こる。夜通し仕事をすることもある。旅に出ても、電報や電話や電信局を使ってビジネスを続ける。過去四五年間、休暇中に電話で経営の話を数時間したり電報を受け取ったりしなかった日は、記憶するかぎり一日もなかった。事業を運営して拡大するために時間の大部分を費やす必要があり、スケジュールが過密だったため、私には個人的な人生を送る時間が少なかった。

私は五回の結婚と離婚を繰り返している。結婚で失敗を繰り返したことを心から後悔しているが、同時に、私の結婚が失敗に終わった理由は理解できる。私の元妻たちは例外なく素晴らしい女性で、私との結婚生活を成功に導くためにできるかぎりの努力をした。しかし、何よりも先にビジネスのことを考え、家庭のことは二番目、もしくはつ
いでにしか考えられない夫のもとでは、女性は安心や満足や幸せを感じられないのである。自分が本当に妻なのか、本当に夫がいるのか、自信がなくなるのだ。幸せな結婚生活とは、どれだけ裕福でも決して買うことができないものの一つであることを、私は五回の離婚を通じて学んだ。

金銭で買うことができないもののもう一つは友情だ。ただし、偽りの友情を売ろうとしてく

る者は数多く存在する。裕福な人間が特定の人間関係を友情かどうか判断する際に唯一信頼できる尺度は時間である、という話を私は何度か聞いたことがある。この意味で、私は本当に幸せ者だ。何年、何十年も友でいてくれる素晴らしい人々がいるのだから。彼らは私との友情を利用して金儲けをしようとしたことがない。彼らが私に何かを求めてきたときには、正当な理由があった。そうやって友情が育まれていった。

よくいる、タダで何かを手に入れようともくろんで成功者に近づこうとする人々とは、そうはいかない。この〝何か〟とは仕事かもしれないし、株式市場に関する内部情報かもしれない。新事業を立ち上げる、あるいは潰れそうな会社を立て直すための資金もありうるだろう。あからさまに現金、または返すつもりのない借金を求めてくる者もいるに違いない。

私には四人の息子がいる。全員が家業の一画を担っている。家族事業に携わることを決断したとき、彼らの誰もが一からスタートした。つまり、階段の一番下から始めたのである。息子たちは私が大株主を務める会社の給油所で見習い店員として働いた。ガソリンと潤滑油を売り、バッテリーを充填し、タイヤを交換し、オイル交換設備を洗浄し、作業場を清掃した。一方で、数え切れないほどの付き合いの浅い知人が私に〝好意〟を求め、彼らの息子や無職の親戚を私の会社の管理職に就かせてくれと頼んでくる。私が頼みを断ると、彼らはその理由が理解できず、ただただ憤慨するのだ。

私のもとにやってきて、一夜にして、または遅くとも一週間か二週間以内で大金持ちになる方法を教えろと言う者もいる。そんな方法はないと言っても彼らは引き下がらない。成金夢想者は私の言葉を信じようとしない。

「あんたら大金持ちは自分勝手で不公平だ！」

「金持ちになる秘密を知っているくせに、教えようとしない」

「ほかの人間が金持ちになるのが嫌なのだろう！」

このような罵声が返ってくる。そうした連中は、ビジネスとは、魔法使いや妖術師が月のない闇夜に神秘的な呪文を唱えたり床に五芒星を描いたりしながら営むものだと思い込んでいるようだ。彼らと議論しても、いいことは何もない。ビジネスで成功するにはヒントや秘密ではなく、ハードな労働が欠かせないと言っても彼らは信じないのだから。いや、信じようとしないのだ。彼らは成功と富が目の前に差し出されるのを待つ。働く気はない。

豊かな人物の財産は、しばしば驚くべき影響を、時には信じられないほどの効果を他人に与える。それらは必ずしも有益でも高尚でもない。少し前に、億万長者は注目されると述べた。人々のなかには、成功者をカモにしようとする者も多い。私は長年にわたり熱心に、そして真剣に美術品を集めてきたが、これまで何度、偽のボッティチェリ、偽のコロー、偽のフラゴナールを売ろうとしてきた者に出会ったことだろう。

例えば、ある男が一六世紀の貴重なタペストリーを〝たった四万五〇〇〇ドル〟で私に売りつけようとしてきたことがある。興味ないと私が答えると、男は激怒して、タペストリーを私に投げつけながらこう叫んだ。

「買ってくれなきゃ困るんだよ！　妻が何カ月もかけて作ったんだから！」

別のアイデアマンは、自分のコレクションをすべて売り払うつもりだと言って私に近づいてきて、ひび割れしている安物の額縁に入った、煤で汚れた最低クラスの絵画を数枚売りつけようとした。実際には、彼はそれらをゴミ置き場やガラクタ屋で見つけたのだった。

一部の人々の欲深さや金銭感覚のなさを証明する例として、有名な大富豪が受け取る手紙の山に勝るものはないだろう。私は毎月、見ず知らずの人々からおよそ三〇〇〇通の手紙を受け取る。その一部は、私がとても裕福で、目下のところ独身であることをどこかで聞いたり読んだりした、あらゆる年齢、あらゆる身分の女性たちが書いたものだ。

「あなたこそ、私が夫にしたいと願っていた理想の人……」

「あなたには妻が必要なのは明らかで、私は条件を完璧に満たしている……」

「弁護料さえあなたが支払ってくれたら、私は喜んで夫と別れ、あなたと結婚します……」

私のところに送られてくるプロポーズの手紙には、たいていそういったことが書かれている。多かれ少なかれ自分の魅力を伝えるために、写真や肖像画を同封する女性も多い。アルバムごと写真を送ってくる人もいる。それどころか、求愛者のなかには暗に――時にははっきりと――結婚の煩わしい手続きをすっ飛ばして、愛情と連帯心だけをもって私の胸に飛び込んでもいい、と申し出る女性も少なくない。ただし、事前に適切な額を私が支払えば、の話だ。

しかし、勝手に送られてくる手紙の大半、私の秘書の計算ではおよそ七〇パーセントは、金をくれという頼みの手紙だ。おそらく、切実に現金を必要としている人は、そのなかでもごくわずかだろう。だが不幸なことに、それらをただの物乞いや慢性的な強欲者から送られてくる手紙から区別するのはまったく不可能なのである。手紙は世界中から送られてくるので、彼らの頼みが正当なものかどうかを確認するとしたら、膨大な費用が必要になるだろう。だからすべてを拒否するしかない。

おそらく裕福な者は皆そうだと思うが（私の知人は全員がそうだ）、私は組織として正当に成立している慈善活動だけをサポートする。毎年、私の会社と私個人は合わせて数十万ドルを慈善活動に寄付している。本当に必要な人に支援が届けられることをある程度確実にするには、そうするしかないのである。私はこのことをマスコミのインタビューや公式声明で明らかにしようとしたが、無駄だった。いまだに金を求める人々が何千通もの手紙を送ってくる。「あなたは裕福なのだから、少しぐらい私に金をくれても困らないだろう」と招かれざる文通相手の多くが書いてくる。まるで、その言葉ですべてが正当化されるかのように。嘆く者もいれば、強気に要求してくる者もいる。少ないとはいえ、脅迫してくる者すらいる。巧妙な者も驚くほどたくさんいて、彼らは「小切手ではなく現金」を指定してくる。なぜなら「金をもらったことを税務署に知られたくない」からだ。そうした人々にかぎって、「税引き後の金額」を指定する。

一度、ある州医師会の長が私に二五万ドルを求めてきたことがある。ヨットを買うためだ。「あなたの財産に比べれば小さな額だろう」と書いてあった。地元では地位と人望があるに違いないれっきとした医者が、そう書いてきたのである。同じように高い地位も人望もあると思われる公認会計士は、印象に残るほど立派な社用の便箋に、五〇万ドルを要求する手紙を書いてきた。彼は「株式市場で確実に儲ける方法を見つけた」ので、私の資金を使ってその方法を実践しようと考えたのだ。そして気前よく、私に「その際の利益を一〇パーセントを支払う」と約束していた。

ほかには、親戚を援助するために非課税の一〇〇万ドルを要求してきた高校教師や、一〇万ドルを横領したので私になんとかしてほしいと書いてきた銀行員もいた。

そのような例なら、いくらでも挙げることができる。手紙で送られてくる金銭要求の総額は、一カ月で平均三〇〇万ドルを優に超える。最近、記録的な一日があったのだが、その日は一日で手紙による要求額が一五〇〇万ドルを超えたのだ！

これらはもちろん、富がもたらすさまざまな問題のごく一部に過ぎない。本項を通じて、私は裕福な者の人生は、数々の点で快適で楽しいものではあるが、多くの人が想像するほど気楽なものではないという事実を証明するために、いくつか実例を紹介した。富は人々のためにも、害にもなる。富がある特定の人物の利に、あるいは害になるかは、個人のモラルや知的水準、展望や生活への取り組み方に左右される。

経営者は自分の富を使って何をするか、よく考えることが大切だ。すでに述べたように、財産を最も賢く使う方法は、より多くに人々のために安価で優れた製品やサービスをより多く作り出す企業に投資すること。その目的は世界経済の進歩と向上に貢献すること、すなわち、すべての人々の生活をよりよくする事業を生み出し、運営することでなければならない。それこそが富の正当な使い方であり、そこから現役の経営者は大いなる満足を得られるのである。

これが、私が財産を使ってやろうとしていること、そして私の投資している会社が目指すものだ。成功した経営者の富とは、そのように使われてこそ倫理的だと言える。

個性という武器

成功した経営者、リーダー、イノベーターは、例外的な人物だ。自分自身の理想や信念にのみ従い、それ以外では他人の考えに流されない。つまり大勢に追従する日和見主義者ではない。

私がかつて出会ったことがある若い経営幹部は、最近ビジネス界で増えつつある〝組織人〟と呼べるほどガチガチの日和見主義者だった。彼の服装、所作、話し方、物腰、そして考え方のどれをとっても、型にはまったステレオタイプそのもの。その若者は、出世するためにはまわりに合わせて生きていくのが不可欠だと信じ切っていたが、同時に、自分で思うほど早く出世できないことに不満を漏らし、私にアドバイスを求めてきたのだった。

「ビジネスで成功して富を得るにはどうすればいいのでしょうか？　どうすれば億万長者になれますか？」と彼は真剣に尋ねた。

私はこう答えた。「絶対に間違いのない公式を教えることはできない。でも、一つ確かなことがある。マディソン街やワッカー・ドライブやウィルシャー大通りにいる連中を手本にして彼らと同じように行動することをやめれば、もっと成功する可能性は広がるだろう。自分を変えるために、大勢に追従するのをやめろ。個性を大切にして、個人主義者になりなさい。そうすれば〝前進〟するスピードがはるかに速まることに、君自身が驚くことだろう」

私の言葉がその若者の心に届いたかどうかは疑わしい。彼は現代にはびこる奇妙な〝大勢追従教〟の熱心な信者だったので、いわば異教徒である私のアドバイスには耳を貸さなかったのではないかと思われる。自分が〝正しくて安全〟と思っている、あるいは思い込まされているものを模倣しながら、これからも生きていくのだろう。無意味で気まぐれな社会の決まり事や習慣に従いながら、自分が有能で信頼できる人物であることを証明しようと奮闘し続けるのである。しかしその態度こそが、彼が想像力と冒険心に乏しい二流の人物であることの証明なのだ。富や成功は、この若者のような欲しがり屋をいつも避ける。彼らは生涯を通じて下級管理職にとどまり、会社のなかで一つの役職から次の役職へとたらい回しにされる。

私は賢人でも学者でもない。人々の風習や信条の善悪を断定しようとしているわけでもない。だが、経営とビジネスの世界についてある程度の知識はあるつもりだ。私の考えでは、大勢に追従しているかぎり、ビジネスで真に永続的な成功を収めて豊かになることはできない。ビジネスマンとして成功したいなら、他人をまねしたり、自分の考えや行動を古くさいありふれた型にはめたりするのではなく、自分で考えて行動する個人主義者でなければならない。独創的で、創造的で、発想豊かで、独立した実業家でなければならないのだ。例えるなら、ビジネスの熟練者ではなく創造的なアーティストになる必要がある。

成功した経営者が個人主義者であることは、彼らの事業運営や活動のやり方を見れば一目瞭然だ。彼らは例外的なやり方を好み、頭が固くて想像力のない（したがってあまり成功していない）同僚やライバルを嫌う。彼らの多くは、ありとあらゆる表面的な慣習や定説を無意味とみなして毛嫌いし、そのことをさまざまな度合いの〝奇抜〟な行動で明らかにする。

故ジョン・D・ロックフェラー・シニアはどこに行っても光り輝く新しい一〇セント硬貨を人々に分け与えたことでよく知られている。ハワード・ヒューズはテニスシューズと首もとの開いたシャツを愛用したことで有名だ。バーナード・バルークは最重要の経営会議を公園のベンチで行った。三人だけを例として挙げたが、個性を発揮して財を成し、私生活でも個性を見せることにためらいを感じない億万長者はたくさんいる。

少しばかり奇抜な服装や行動をするだけで、誰もが会社経営のピラミッドの頂点に登り詰め、またたく間に裕福になれると言いたいわけではない。しかしながら、既存の型に自分を押し込みながらも成功の道を突き進める人は皆無に等しいと、私は確信している。

今の時代、たくさんの若い経営者たちが、社会から評価され、ビジネスで成功するためには、不特定多数が定めたパターンに厳密に従うことが絶対に必要だと盲目的に信じているのが、私には残念でならない。そのとき彼らは、大多数は必ず正しいと考える、という大きな過ちを犯すのである。しかし、大多数の意見が正しいことはほとんどない。大多数は大多数だからといって全知全能だとは限らない。実際のところ、私はビジネスの世界でもそのほかの分野でも、多数派の意見と集団妄想の差は紙一重だと感じている。ビジネスマンの大多数が信じているからといって、それが必ず正しいわけではないのだ。彼らの多くはあてもなくさまよい、遅々として前進しない。一方、大勢に追従せずに自分の考えに従うビジネスマンは、人々の叫びを無視して、大きな利を得ることが多い。そのような例は昔からたくさんある。大恐慌時代にも非常に劇的な前例があった。

ロックフェラー一族はアメリカで、おそらくは世界でも最大のビジネスおよびエンターテインメント用民間複合施設であるロックフェラーセンターの建設に、大恐慌時代の一九三一年に着手した。アメリカ人経営者のほとんどは、この計画を非常識とみなしていた。彼らは、国家経済は破綻しているという一般的な考え方に従い、超高層ビル群を建てたところで何十年経っても借り手が見つからないだろうと考え、「ロックフェラーセンターは世界最大の無駄遣いになるだろう」「ロックフェラー一族は底なし沼に金を投げ捨てている」と予言したのだ。それでもロックフェラー一族は計画を進め、壮大な施設を建設して多大な利益を得ることに成功した。つまり、一族の考えが正しく、大多数が誤っていたことを証明したのである。

コンラッド・ヒルトンは、ほかのホテル経営者が自らの財産を売る相手を必死になって探していた時期に、ホテルの買収や建設をスタートさせた。のちにヒルトンが驚異的な成功を収めたことについては、ここで詳しく説明する必要はないだろう。

私もまた、株式が底値で売り払われ、株価はもっと下がるだろうと誰もが考えていた大恐慌時代に株を買い始めた。

ほかの人々はどれだけ安い値段がついても持ち株を売ろうとしていた。彼らは〝大多数〟が予言した最終的な経済崩壊が起こる前に株を売り払って、少しでも元手を〝回収〟しようとしていたのだ。

それを尻目に、私は株を買い続けた。その結末は？　私が一九三〇年代に買った株の価値は今、当時の一〇〇倍、あるいはそれ以上に膨らんでいる。私がかなりの量を買ったある株にいたっては、長年を通じて四五〇〇パーセント以上の利益をもたらしてくれた。

私は自慢をしているのではないし、経済の未来を透視する力があるわけでもない。私以外にも同じことをして大きな利益を上げた経営者がいるのだから。しかし、私たちは例外的な存在だ。当時の多数派の悲観的な暗い考えの波に流されることを拒否した。

本当の意味で成功する経営者とは本質的に異端であり、現状に満足することがほとんどない反逆者なのだ。そうした人物は常に新しい方法やよりよい活動を探し、そして見つけることで成功と富を手に入れる。

既存のパターンを受け入れ、それに従うことを拒んだおかげで大きな成功を果たした人々のリストは長い。そのリストはアメリカの歴史の二世紀にわたり、姓のアルファベット順に並べるとジョン・ジェイコブ・アスターからアドルフ・ズーカーにまでおよぶ。彼らはすでに言及した四つの特質、「想像力」「独創性」「個人主義」「自発性」を頼りに活動した。ガチガチの順応主義者たちが立ち往生しているのを尻目に、彼らは成功した。

順応主義者たちは、大多数の曖昧な意見に従いながらも、成功を収められるのはごく一部の有能でそつがない人物だけだという事実に気づかない。必ずと言っていいほど、本来一流であるはずの人物も、二流の人々——うぬぼれ屋、頭でっかち、潔癖家、ぐずでのろまな人——が定めるペースに呑み込まれてしまう。人々が大勢に合わせようとすることの影響は社会全体に影を落としている。私の見るかぎり、その影響は健全なものとはとても呼べない。大勢追従社会から管理社会へのステップは大きくない。人々が大勢への順応を続けていけば、最後にはオーウェルが示した悪夢のような管理社会ができあがる。独裁政治を通じて管理社会を作るよりも時間がかかるだろうが、結果として生じるのは同じ社会だ。ある意味において、完全に均一化されて匿名の存在になった個人が構成する社会のほうが、彼らの意志に反して独裁者に強制された社会よりも恐ろしいと言えるかもしれない。人は自発的に個性とアイデンティティーを放棄するとき、同時に人間であることも放棄する。

ビジネスにおいては、順応という神秘の力が、経営者や経営幹部が持つべき最も貴重な資質である〝ダイナミックな個性〟を弱めつつある。結果として、型にはまった生気のない組織人間が生まれた。彼らは大勢に追従するという一辺倒の建前の裏で、自らの不安を、自信のなさを、無能さを必死に隠そうとしている。

順応主義者は生まれてくるものではなく、作られるものだ。私の考えでは、すでに学校や大学で洗脳が行われている。学校教師や大学教授の多くが、たとえ何があっても、どんな犠牲を払ってでも、〝安全〟を手に入れるのが望ましいと、生徒たちに熱心に吹き込んでいるように思える。さらに、高校や大学のカリキュラムの大半は限られた知識や関心しか持たない〝専門家〟を世に送り出すために作られているようだ。会計士は会計士に、貨物輸送管理者は貨物輸送管理者になるためだけに勉強させる。ビジネス全般を理解し、将来のリーダーシップを担える若者を育てようという努力はほとんど行われていないように見える。数え切れないほど多くの本当は知的な若者たちが、過度に専門化された教育を受け、過度に組織化された会社のなかで、管理が行き届いたウサギ小屋に入れられて埋もれていくのだ。

ほかにもたくさんの圧力が、今の若者たちを順応主義者に変えている。現代のイメージにぴったりと合うように自分を変えなければならない、他人とまったく同じようにならなければならないと、彼らはあらゆる場面で言われ続けるのである。その際、若者たちは、すでに取り返しのつかないほど個性を失った人々が、できるだけ多くの人を自分たちと同じ不満や後悔でいっぱいのみじめな境遇に引きずり込もうとしているのだということに気づかない。そのような人々は、他人とは違う考え方や行動をしようとする人を非難する。平凡な規範から外れた者は、放浪者や過激派、あるいは変人や愚か者などのレッテルを貼られ、予測ができない信頼の置けない人物とみなされる。

もちろん、この考えはまったくのナンセンスだ。自らの個性を建設的に主張する人物はトップに立つことができる。そのような人物こそ、成功する確率が最も高い。しかし人は、キャリアを通じて洗脳を受け続ける。女性たちも、社会に順応させようとすることが多い。母親、婚約者、妻などの多くが典型的な保守派で、週に一度の給料を手のなかの雛鳥のように守り、慈しみ、保護しようとする。その際、近くの茂みに貴重な鳥が潜んでいる可能性については考えようともしないのだ。妻というものには、発想豊かで進歩的な行動を選ぶことで充足と富を得ようとする夫を思いとどまらせる恐ろしい力があるようだ。安全と安定した仕事をリスクにさらすことを決して許そうとしない。

「ヨロヨロ・ガタガタ社であなたの将来は明るいじゃない。早まったことをするのは危険よ。支払わなければならない勘定や請求書のことを忘れないで。来年には車も買い換えなくてはならないのだから！」と妻たちは嘆く。

結局、完全に順応主義に毒された組織人間は、数年後に中間管理職でごった返す九時〇三分の電車で出社できるほど出世していることを夢見ながら、毎朝八時三六分の電車に乗るのである。順応主義の経営者はコミック『ザ・ティミッド・ソウル（The Timid Soul＝小心者）』のキャスパー・ミルクトーストのような存在だ。未来はあまり明るくない。彼の従順さはどんどん強度を増して深い穴となり、かつて抱いていた富や成功への希望、野心、可能性がその穴に埋まってしまう。従順な組織人間は、手続きや規則の、たくさんのメモの、終わりのない委員会議（そこではいつだって同類たちが、問題に対する型どおりの回答を見つけるのだ）の泥沼にはまり込んだままキャリアを終える。どうでもいい表面的な事柄ばかりに気を遣い、誰かが「君ぐらいの給料の管理者にはこれが〝適切〟だ」と指摘した衣服を身につけ、狡猾な不動産屋が〝管理職専用地区〟だと言った傾斜地に段差のある家を買う。

そのような人物は、いわば自分の目的を押し殺す。そして自らがいくぶん格好をつけて〝チーム〟と呼ぶ何かのなかで、キャプテンや主力選手を演じるのではなく補欠になるのだ。だから発想豊かな個人主義者の前に広がる数限りない可能性に気がつかない。それでも気にしない。「私は安全を求めている。私の仕事が安全で、定期的に給料が上がり、有給休暇があって、満足のいく退職金をもらって引退できれば、それでいい」と彼は言う。残念ながら、あまりにも多くの若者がそのように考えているようだ。これは弱さと臆病さの告白にほかならない。

あえてリスクを冒し、たとえ社長が異を唱えても自分を主張し、正しくて最善だと思えることのために闘うことを辞さない若いビジネスマンが不足している。

もちろん、上司に歯向かう者は職を失うリスクもあるのは確かだが、勇気を振り絞って自分の信念を口にした職員をクビにするような会社は、優れた経営幹部が奉仕すべき会社ではない。そして、クビになった者が本当に優れた人材なら、解雇の原因になったアイデアを武器に、もっといい職場をすぐに見つけることができる。間違いない。また、基準から絶対に離れようとしない順応主義者は、どの会社でも下級、最高でも中級管理職にしかなれない。上司が考えていることばかり気にする人物が経営トップになったり、財を成したりすることはありえない。ほかの人々とは明らかに異なる人物だけが成功できるのである。そのような人物には新しい発想があり、諸問題に対して斬新な方法で取り組もうとする。さらに自分で考えて行動する能力も意志も持ち合わせているので、〝大多数〟から自分の規格外のアイデアややり方が批判されてもくじけることはない。

商売で、産業で、金融分野で頭角を現すのは、自由な発想力と強烈な個性を持つ者だ。彼らは髪がきれいに刈り上げられているか、あるいはきちんとオールバックになっているか、など気にしないし、ゴルフよりもチェスのほうを好むかもしれない。しかし、身の回りに転がっているチャンスを見逃さずに挑戦する意志がある。彼らの精神は人を組織人間に変える順応の魔力にとらわれていないのだから、生産や販売を増やす新しい手段を考え出すことができるのだ。そして新製品を開発し、コストを削減して、最終的には利益を増やし、財を成すのである。新しいビジネスを立ち上げる、あるいは既存の事業を活性化して拡大するのも、自由な発想を持つ者たちだ。彼らは調査や研究や会議などよりも自らの判断を信頼する。作業手順マニュアルもあてにしない。なぜなら彼らは、ビジネスにおいてはどの状況もほかとは違う唯一のものであることを理解し、たとえ何千ページのマニュアルをもってしても、すべての状況をカバーすることはできないと知っているからだ。

成功する経営者は狭い専門分野を持たず、自分のビジネスのあらゆる側面を理解している。生産のボトルネックも会計のミスもすぐに察知し、販売促進の弱さも人材登用方法の欠陥も即座に修正する。成功する経営者とは部下に意見や助言を求めるリーダーだ。ただし、最終的な決断は自分で下して命令を与える。その際、たとえ何が起こっても、責任は自分で担う。すでに指摘したことだが、ここでもう一度繰り返しておく。現代のビジネスはそのような人材、すなわち最高の経営幹部と自らのビジネスを所有して運営する経営者の両方を、大いに必要としている。ビジネスのあらゆる分野において、そのような人物が活躍できる余地が、まだまだたくさんある。

裕福になりたいと願う発想豊かで積極的な人にはチャンスがたくさんあるということだ。ただし、他人が決めたパターンや方法に従うのではなく、自分の才能と判断力を頼りに、想像力を活かして行動することに前向きでなければならない。

ビジネスの世界で財を成す可能性が最も高いのは、大勢に追従しない非順応者であるリーダーや創始者だ。そのような人物は、グレーのフランネルスーツではなく緑色のトーガを身にまとっているかもしれない。マティーニではなくヤクミルクを飲み、キャデラックの代わりにそりに乗って、菜食主義政党の選挙候補者に票を投じるかもしれない。しかし、そんなことは関係ないのだ。その人物がどれだけ人とは違っていても、彼の才能と成功に疑問を差し挟むことは誰にもできないのだから。

価値観について

本当に豊かに暮らすには、独自の価値観を持っていなければならない。その際、財産があるかどうかは関係ない。自分にとって価値が感じられるものを持っていなければ、いくら稼いだところで人生のむなしさを覆い隠すことはできないのだ。

私はこれまでの人生で、他人が求めることをして、そして他人が求める人間であろうとして生涯を費やしてきた人を数多く知っている。自分とはまったく違う個性を持つ他人が決めた行動パターンに合わせるために、自分を押し殺して生きてきた人々だ。そのようなパターンに合わせるために、彼らは自分を打ち消して他人のまねをする。そして奇怪であやふやな鏡像に成り果ててしまうのだ。自分の根っこをなくし、満足できなくなった彼らは、本来の性格、本能、欲求とは無縁の世界に閉じ込められたまま、自らのアイデンティティーを見つけようともがき続ける。しかし、他人が決めた世界でアイデンティティーが見つかることなどほとんどない。

「作家になりたかった。でも、反対した父親が私をロースクールに入れたから、弁護士になったんだ。今はいい生活を送っているよ。でも、なんだか慌ただしくて、飽き飽きしているんだ……」

「会社を売ってどこかに牧場でも買おうと思っていたんだが、収入と世間体を気にした妻に反対されて……」

「郊外での暮らしはもうたくさんだ。街のアパートに移り住みたいが、会社のほかの幹部たちはみんな郊外に一軒家を持っているから……」

「まるで無意味な競争に巻き込まれたようで、身動きが取れない。今の仕事は好きでもないし楽しいとも思わないのに、ほかに何をしたらいいのか分からない。だから、これまでどおりの収入を得るために働いているんだ……」

近年、このような言葉を聞く機会が増えている。これらは基本的には個人的な不満、あるいは敗北の表れなのだが、その一方では私たちの社会で広がりつつある病を反映しているとも思える。

第一次世界大戦は、混乱し、不安に陥り、幻滅した人々、いわゆる〝失われた世代〟を生み出したと言われている。では第二次世界大戦後はどうかというと、悲しいことに、展望や目的の大部分を見失った世代が生まれてしまったようだ。薄っぺらい価格ラベルを永遠の価値の尺度として用い、なおかつ人間としての個性や誠実さまでも従順に放棄してしまった人々の世代だ。その明らかな証拠に、現代の社会には〝ステータスの探求〟と呼べる現象が広まっている。ステータスを追い求めることが現代社会の行動パターンを決める最重要原理の一つになっているようだ。

大衆から抜きん出て、人々から人望を集めたいと願うのは人間に備わった基本的な欲求なのだろう。この点は私も認める。ある程度の範囲内に収まり、度を超すことがないかぎり、そのような願いを持つことは建設的であり、有益な目標になる。人の上に立ちたいという欲求が、数多くの人を動かし、文明の進化に重要な役割を果たしてきた。しかし、有識者の多くが指摘しているように、現代のステータス欲の根拠と影響は建設的でも健全でもない。

私の考えでは、人のステータスとは、その人物の仲間たちが彼は社会に平均以上に貢献していると認めるとき、初めて生じるものだ。公共の利益にどれだけの価値の高い貢献を成し遂げたかに応じて、報酬として与えられるのがステータスでなければならない。しかしながら、現在では経済的な成功が自動的に、しかも唯一の尺度であるかのように、ステータスと同一視される傾向がある。しかも、ステータスの獲得は一つの目標とみなされているだけでなく、多くの人はステータスの獲得だけを唯一の動機、ただ一つの価値ある目標と考えているようだ。

あまりにも多くの人が、金を集めてそれで物を買うだけで、達成に中身を与え、成功に意味を持たせ、ステータスを得ることができると思い込んでいる。彼らは、才能と達成と成功のシンボルとしては、金と所有物はとてもはかないものだとは考えようとせず、ステータスの絶対的な証拠として財産を積み上げる。ほかの人よりも多く金を稼いでたくさんの物品を買うと社会的な地位と尊敬が得られる、という浅はかな理論を確かな真実として受け入れてしまった。彼らが関心を向けるのは銀行の預金残高だけ。物事の価値には関心がないのに、自分が買う物の値段には気を配る。

このように歪んだ見方をする人に、私は数える気をなくすほど頻繁に出会ってきた。最近出会った典型的な例として、私をロンドンに招待したある経営者の話を紹介しよう。彼はニューヨークにいる共通の知人の紹介状を持って私の前に現れた。過去数年でどれほどの財を築いたかなど二時間ほど自慢話をしたあと、彼はこれからフランスへ行って、絵画を数点買うつもりだと説明した。

「あなたも相当な美術品コレクターだそうですね。信頼できるギャラリーやディーラーをいくつか教えていただけませんか。買うときの参考にしますから」と彼は言った。

「お目当ての時代や流派はありますか？　それとも、決まった画家の作品を探しているのでしょうか？」。私は問い質した。

すると、その男はいらだちながら肩をすくめた。「私にはどうでもいいことです。どうせ違いなんて分かりませんから。とにかく、絵を買わないとまずいのです。最低でも一〇万ドルは使わなくてはなりません」

「どうしてそれ以下ではだめなのですか？」。出費の最高額ではなく最低額を決めていることに疑問を感じながら、私は尋ねた。
「よくある話ですよ。私のパートナーが数カ月前に合計七万五〇〇〇ドルで絵画を数枚買ったのです。だから、旅から戻ったときに人々を感心させるには、二万五〇〇〇ドル以上の差をつけて彼を上回らなくては……」と男は真顔で説明した。

この男が価値の判断基準をどこに置いているかは明らかだろう。これまでの人生、彼は何をするときにも、今回の絵画購入のような浅はかでくだらないステータス欲を動機に行動してきたに違いない。不幸なのは、彼のような人物が数多く存在することである。そうした人々が富を得ることを正当化する理由は、私には見当たらない。私は、彼らは本当の意味で金銭を稼いでいるのではないと考えている。彼らにその資格はない。

頑固だと思われるかもしれないが、私は根っからの自由企業資本主義者であり、誰もが経済的な成功を手に入れる基本的権利を持っていると信じている。豊かになるための想像力と才能を持ち、合法的に経済活動に従事しようとする人物には、そのチャンスが与えられてしかるべきだ。しかし同時に、経済的な成功を目指す者は、個人的な富を築くことだけを考えて行動してはならないとも固く信じている。

私の父は存命中にかなりの富を集めたが、自分のためだけに金儲けをしていたわけではない。父は、若いころにとても貧しかったために金銭の価値をよく知るようになり、その使い道についてもはっきりとした考えを持っていた。自分の富を資本とみなし、従業員、関係者、株主、顧客、そして家族のために投資したのである。

父はサー・フランシス・ベーコンの「富を人間の存在の目的とみなしてはならない」という考えを手本にしていた。父は金を積み上げるためではなく、永遠に存在し続ける何かを達成するために、自ら好んで果敢にビジネスに取り組んだ。私の推測では、父が一年で自分と家族のために費やした金額は合計でも三万ドルを超えなかったと思う。その一方で、おそらく彼は従業員のためにスイミングプールなどのレクリエーション施設を作った最初の経営者の一人だ。

私は父を通じて、賢明で、進歩的で、本当の意味で成功する経営者は決して利益を第一に考えないことを学んだ。私が所有する、あるいは支配権を持つ会社の所有財産の金銭価値は数億ドルに上ると推定されている。しかし、それは紙の上での計算であり、この財産はあくまで手段であって目的ではない。私が個人的に現金の形で所有しているのは、全財産のごくわずかな一部でしかない。私が投資してきた会社の無数の資産、例えば機械設備、油井、パイプライン、タンカー、精製所、工場、オフィスビルなどこそが私の富なのである。これらの会社が、今も製品を作り、サービスを展開しながら、成長と拡大を続けている。つまり、私の富は有益かつ創造的であり続けている。これこそが本当に価値のある目的であり、富は目的に至るための手段なのだ。この意味において、金は本当の価値を得る。

私は自分の成功を金銭で計ろうとは思わない。私の労働と富、さまざまな事業への投資や再投資が生み出した雇用と生産性が、私の成功を計る尺度になる。もし、キャリアを通じてほかの尺度をあてにしていたとしたら、私は今ほどの成功を収めることはできなかっただろう。

自分のアイデンティティーを確立するために、自分は社会の完全な一員なのだと自覚するために、人は個人的な利益をはるかに超える永続的な価値を有する何かに携わっているという意識や感覚を持っていなければならない。満足のいく人生を送るためには、仕事から真の満足と真の達成感を得なければならないのだ。このような考え方は、仕事や専門職や経営から得られる収入額の高さと少なくとも同じぐらい重要なのである。

貧しく生きることを心に誓うこと、あるいはそういう心構えでいることが至福の満足感への近道だ、と言いたいのではない。私たちの文明社会にはたくさんの托鉢僧を受け入れる余地はない。人類が黒いパンや茹でたキャベツばかりの生活に満足していた時代はとっくの昔に過ぎ去った。ある程度の満足を得るためには、適度な生活水準（必需品のすべてに加えて、ちょっとした贅沢品も楽しめる状態）を維持しなければならなくなった。それらを手に入れるために、現金が必要なのである。

しかし、だからといって、金銭的な尺度以外にも価値を計る方法がたくさんあることに変わりはない。現在、ひどい文章で書かれたくだらない内容の現代小説が一冊五ドルで売られている一方で、素晴らしい古典文学作品の文庫本は五〇セントで買うことができる。値段とは関係なく、後者のほうが前者よりもはるかに高い価値を有していることは言うまでもないだろう。同じように、純粋に金銭的な成功のほかにも、たくさんの種類の成功が存在するのである。社会における個人の立場は、収入でも、財産でも、所有物の金額でもない別の基準で判断されるべきだと、私は言いたい。

昔も今も、社会に対して多大な貢献をしてきたのに、ほとんど、あるいはまったく金銭的な報酬を得なかった人物は数え切れないほど存在する。数多くの偉大な哲学者、科学者、芸術家、音楽家が貧しい生活を余儀なくされていた。モーツァルト、ベートーベン、モディリアーニ、ゴーギャンは、貧困のまま生涯を閉じた。しかも彼らはほんの一例に過ぎない。故アルベルト・シュバイツァー博士や故トーマス・ドゥーリー博士のような人たちが人類のためにどれだけ貢献してきたか、その価値を試算することなど誰にもできない。おそらく彼らはどちらも、普通のデパート店員よりも少ない収入しか得ていなかったのである。

多くの場合、息を呑むほど美しい建物を設計した建築士は、その建物の入居者よりも貧しい。ダムを建てたエンジニアが受け取る報酬は、ダムからの水で潤う農地の所有者が得る利益よりも少ない。しかし、それらを建てたのは建築家とエンジニアだ。彼らが得た報酬が少ないからといって、彼らの成功までもが小さくなるわけではない。

また、金とステータスばかりに関心が向けられるこの時代、金銭的な富以外にもさまざまな形の豊かさがあるという事実も見過ごされがちだ。私が知るかぎり、本当に心から満足して生きている人物の一人が、私のいとこのハル・シーモアだろう。ハルと私は幼なじみで、昔からずっと親しい友人だった。しばらくの間、何をするのも一緒の時期もあった。ハルは金のことはほとんど気にしなかった。必要十分な収入で満足し、私がもっと稼げる機会を与えようとしても、いつも悪気なく断った。いろいろな仕事——掘削工、写真家、鉱夫として一流で、数多くの貿易にも成功した——をこなしたが、大金には無縁だった。だが彼は、さまざまな場所に行き、さまざまなことをするという自らの欲望を満たすことには成功していた。そして行く先々で、たくさんの友達に囲まれる生活を心から楽しんだ。ハルの人生の目標は、何をするにしても、それをきちんとすることだった。そして、彼はこの目標を達成した。得るよりも多くのものを与え続けたのである。

ハルは自分のことを、自由という意味でとても豊かだと感じていた。自分がやりたいことを見つけてそのための時間を作り、実現することができた。そして、ことあるごとに私に向かって、自由という意味では君は私よりもはるかに貧しい、と言い続けた。数年前、死を目前にしていた彼は、私に何度も手紙を書いて寄こしたが、その冒頭には皮肉たっぷりの、しかしとても意味深な言葉が書かれていた。「最も豊かな男から世界一の富豪へ……」

正直に告白するが、時間を豊富に持っていたハルのことを、私はうらやましく思っていた。時間は、現代の人々が無視しがちな富の一つだと言える。私は物質的には豊かかもしれないが、時間という意味ではとても貧しいと感じている。この数十年間、私には好きに使える時間がほとんどなかった。ビジネスに大部分を奪われたからだ。読みたいと思っている本も、書きたいと思っている本もたくさんある。まだ見たことのない遠い場所へ行ってみたいとずっと思っている。アフリカを長期間のんびりと旅することを夢見ていたのに、いまだに実現できていない。資金不足がこれらの願いを叶えられなかった原因ではない。資金的には、私はこれらの夢を何年も追い続けることが容易にできただろう。夢を叶えられなかったのは、単純に時間がなかったからだ。嘘っぽく聞こえるかもしれないが、実際のところ、産業界のリーダーたちが個人的な欲求に使える時間は労働者のそれよりも少ないのである。この点では、欲求の大小は関係ない。

私は自分の運命に不満を抱いているのではない。もし幸せを感じていないのなら、これまで富や利点を得てこられたことに対して、私がまったく感謝していないことになってしまう。実際には、私は自分がビジネスを始めたころに立てた目標のほとんどを達成できたことに、とても感謝している。

私が言いたいのは、誰もが独自の、したがって極めて主観的な価値基準をしっかりと持つべきだ、ということだ。自分にとっていちばん大切なことと、それを手に入れるために、あるいは目標を達成するために犠牲にできること、この二点を尺度とする価値基準である。

昔から、人はすべてを手に入れることはできない、あるいは、犠牲なくして得られるものはない、などと言うではないか。何かを手に入れるためには、ほかの何かを与える――手放す――必要がある。そのような〝交換〟をするかどうかは、個人の自由であり、それぞれの価値観に左右される。

ここまで、個人的な価値観の話をしてきたが、それでも私にはすべての人に通用する基本的な価値（厳密な意味での価値とは違うものかもしれないが）が存在すると信じている。人々の大部分がこの基本的価値を軽視している、あるいは見落としている事実に、私は驚かざるを得ない。

毎年、一二万人以上のアメリカ人が自ら命を絶っていると言われている。この数字には公式に自殺と記録されたケースと、何らかの理由で公式には自殺と登録されていない自害の両方が含まれている。そして、この一二万件の悲劇の大半が〝経済的な理由による自殺〟と分類されているのだ。

自殺問題の権威であり、ジョージア州アトランタの精神科医院の医院長であるトーマス・P・マローン医師は次のように説明する。「いわゆる経済的自殺の少なくとも三〇パーセントから四〇パーセントで、失敗した人々ではなく成功者が命を絶っている。成功のピークに達したとき、男たちの多くは生きがいを失う」

私は精神科医ではないが、成功したあとに〝生きがい〟を失って自らの命を奪う人々は、もとから本当に価値のある生きがいを持っていなかったのだと考えている。彼らが目指し、到達した目標は、無価値だったのだ。それに気づいたとき、彼らは自分たちが手に入れたのは成功ではなくて、無情な失敗だったことに気づくのである。

リチャード・E・ゴードンとキャサリン・K・ゴードンの二人は、現代に典型的なステータス探求者たちが多く住む郊外地区で暮らす家庭の研究を集中的に行い、その結果をジャーナル・オブ・ジ・アメリカン・メディカル・アソシエーション誌の論文で発表した。彼らの調査によると、主に感情的ストレスからくる疾患（胃潰瘍、冠状動脈血栓、高血圧、高血圧性心疾患など）の発生率は、そのような地域のほうがステータス欲求のあまり強くない地域社会よりもはるかに高いことが分かったそうだ。胃潰瘍に苦しみ、精神安定剤を服用しながらステータスを追い求める組織人間と、心配そうに甲高い声で彼らにあれこれと指図する妻たちに遭遇したことがある者は、この調査結果を聞いても驚かないだろう。

私には、社会的なステータスの達成に、人の命や家族の健康を犠牲にしてもいいほどの価値があるとは思えない。人が命や健康を安売りするときは、根本的な何かが間違っているのである。また私は、ステータスとみなされる何かを達成したときにもたらされる現金やそのほかのいかがわしい利益に、人の個性や人間としての完全性を犠牲にするほどの価値があるとも思えない。しかし、私はどうやら少数派のようだ。このようなことに考えを巡らせるのは時代遅れだ、と考える風潮が明らかに強くなっているのだから。人々は大多数の考えに自分を合わせることに価値を見いだすようになってしまった。金と物を集め、ステータスを得ることを目標と定め、それを達成するためにどれだけ高い犠牲を払うこともいとわないのだ。

私たちの文明社会にとって最大の悲劇は、仲間たちから社会的に認められるために、人々が大多数を模倣することを義務とみなすようになってしまったことだろう。その結果、本当なら最高に優れた人物ですら、特徴がなくつまらない人間に成り下がってしまう。

おべっか使いやへつらい屋はネガティブな言葉だ。普通の人なら、そんなことを言われたら、言った奴を張り倒そうとするだろう。しかしながら、数え切れないほどの人がそう呼ばれてもおかしくないほど自分をおとしめ、雇用主がそうしているからといって蝶ネクタイを締め、上司が短い髪をしていれば自分も髪を切り、ほかの管理職が家を買ったら自分も家を買うのである。彼らは、自分を印象づけようとして相手の考えや行動をまねるのだから、卑屈なおべっか使いとしか呼びようがないではないか。模倣はご機嫌取りの最も純粋な形と言えるかもしれない。しかし模倣は模倣だ。そして、ご機嫌取りは本来蹴りを入れるべき相手の頭をなでるようなものである。

かつてある会社の支配権を得たとき、私はその会社の幹部たちの大多数が、不快に感じるほどこびへつらう態度を見せたことに驚いたことがある。彼らのほとんどは卑屈なイエスマンで、自分たちのつつましい目標をこれからも追い続けることができるように、新しいボスである私を必死になって喜ばせようとしたのだった。彼らがどこまで卑屈になれるのか試してやろうと思い、私はあるとき特別経営会議を招集し、それを実行したら会社はすぐに倒産に追い込まれるであろう、まったくもって非現実的で破壊的な計画を提案した。

出席していた九人の経営幹部のうち六人が、すぐに私の〝計画〟に同意した。そのうちの三人にいたっては、彼らも〝同じようなこと〟を考えていたとほのめかしたほどだ。その会社の損益報告を読んでいた私には、彼らが本当に同じようなことを考えていたとしてもおかしくない、とも思えたが。二人のとても若い幹部は納得のいかない表情で黙り続けた。立ち上がって私の提案の欠点を指摘する勇気を持っていたのは、九人のうちただ一人だけだった。

まもなく、この会社の経営陣にいくつか新しい顔が加わったことは、言うまでもないだろう。三人の反対派だけが残った。彼らはいまだに私の会社に貢献し、以前よりも多くの収入を得ている。

私は昔からずっと、自分を信じ、自分の考えに誠実な人は、どんな場面でも信頼できると感じている。そのような人は、金額ではなく、自分自身と自分が定めた原則に価値を置いている。結局のところ、それこそが誰もが持つ価値観の尺度であると同時に、人間の本当の価値の尺度なのだから。

■著者紹介

ジャン・ポール・ゲティ（Jean Paul Getty）

1892年、ミネソタ州ミネアポリスに生まれる。英オックスフォード大学を卒業後、22歳で石油採掘事業に乗り出し、成功。23歳でミリオネアとなる。1957年、フォーチュン誌に「アメリカで最も裕福な男」と紹介され、石油王としてその名が知られる。1976年、83歳で死去。資産総額は50億ドル（現在価値に換算すると約2.6兆円）と言われる。

■訳者紹介

長谷川圭（はせがわ・けい）

高知大学卒業後、ドイツのイエナ大学でドイツ語と英語の文法理論を専攻し、1999年に修士号を取得。同大学講師を経て、翻訳家・日本語教師として独立。訳書に『Failing Fast　マリッサ・メイヤーとヤフーの闘争』（角川書店）、『10％起業　1割の時間で成功をつかむ方法』（日経BP社）、『カテゴリーキング　Airbnb、Google、Uberはなぜ世界のトップに立てたのか』（集英社）などがある。

2019年４月３日　初版第１刷発行

ウィザードブックシリーズ㉘⓪

ポール・ゲティの大富豪になる方法
――ビジネス・投資・価値観・損しない銘柄選び

著　者　ジャン・ポール・ゲティ
訳　者　長谷川圭
発行者　後藤康徳
発行所　パンローリング株式会社
〒160-0023　東京都新宿区西新宿7-9-18　6階
TEL 03-5386-7391　FAX 03-5386-7393
http://www.panrolling.com/
E-mail　info@panrolling.com
装　丁　パンローリング装丁室
組　版　パンローリング制作室
印刷·製本　株式会社シナノ

ISBN978-4-7759-7249-6

オーディオブック
CD
聴くカーネギー
関岡孝平 翻訳
Dale Carnegie
長らく絶版だった幻の名著「知られざるリンカーン」を含む
五大著作すべてを
完全新訳で刊行
デール・カーネギーの知られざるリンカーン
デール・カーネギーの5分間人物伝
デール・カーネギーの話し方入門
デール・カーネギーの悩まずに進め
デール・カーネギーの人を動かす方法
全5巻
約65時間
収録の大ボリューム
MP3データCD版
各定価：本体 2,500円+税
オーディオブックとは？
CDプレーヤー、PC、スマホなどで、寝る前や移動中に聴いて楽しめる
声優、ナレーターによって臨場感たっぷりに演じられる朗読音声コンテンツ
全国書店にて好評発売中
ご購入・お問合せ、ダウンロード版は
でじじ
検索
日本最大級のオーディオブックサイト でじじ
www.digigi.jp
◆お電話でのお問合せ：03-5386-7396